그림으로 마음치유

동심 – 숲 이야기
화가 백정암

우리의 소중한 일상으로 돌아올 때까지
서로를 격려하는 마음방역은 계속됩니다.

_____님께

_____드림

지난해 출판된 서적은 6만여 권

지금 이 순간에도

생계를 위하여 건설현장에서

땀이 범벅되어 일하는

청년화가들에게 첫 페이지를

공유하여 마음을 치유하고 합니다.

 한그리아 통일체

훈민정음은 국보 70호에 지정(1962년)되고 유네스코에 등록(1997년)된 세계기록유산입니다. 마음방역 39에
적용된 한그리아 서체는 인쇄매체뿐 아니라 영상, 옥외 사인, 휴대폰 등에 서체 활용성이 뛰어나고 가독성과 독
창성의 조화를 완성한 아름다운 글꼴입니다. https://www.hangriafont.com

지식으로 마음치유

마음방역
39

마음치유를 위한 집단지성 39인의 목소리
최재봉 外 38인

Contents

Part.01 | Future

빈부 격차보다
심각한 지식 격차

Part.02 | Human

성장환경이란 우물과
사회통념의 프레임 밖으로

Contents

Part.03 | Treasure
10년 후에 펼쳐질
미래를 생각하자

Part.04 | Healing
성공적인 백신방역
이제는 마음치유

Contents

Part.05 | Harmony

공존, 공영, 상생
제대로 알고 똑바로 보자

Part.06 | Originality

선진국의 길,
5천 년 지식재산 가치창출

생애 첫 지식 쇼핑
지식으로 마음치유 『마음방역 39』

지난 한해는 코로나19로 인해 참으로 모두가 어렵고 많이 아팠음을 생각하게 됩니다. 특히 코로나의 불확실성과 장기화에 따른 정신적 고통, 경제적 어려움, 코로나 블루로 인해 개인과 공동체의 삶은 벼랑 끝에 선 것처럼 위태롭습니다.

코로나 이전에도 대한민국은 OECD 국가 중 자살률 1위, 이혼율 1위, 청소년 삶의 만족도 최하위라는 불명예를 안고 있었습니다. 설상가상으로 코로나 시대인 지금 하루에도 40여 명이 삶을 포기하고 사회적, 경제적 갈등은 더욱 심화되고 있는 것이 현실입니다

우리는 자라난 환경이라는 우물과 사회 통념이란 프레임에 갇혀 왜곡된 정보의 홍수 속에서 가슴아파 하면서도 다른 분의 글을 읽거나 말을 듣고 무릎을 치면서 공감해왔기에 위기의 시대 마음 아파하는 국민에게 각계 각층 39인의 지혜를 담아 지식으로 마음치유 가치 창출에 기여하고자 합니다.

세계적인 컨설팅회사 맥킨지그룹의 바튼 회장은 대한민국의 5000년 지식을 마케팅 하라고 조언했습니다. 4차 산업혁명시대에 미래생존이 걸린 미래세대들에게 반만년 지적재산의 가치를 발견하고 지혜 공유를 실현하라는 것입니다.

또한 우리 민족은 국가 위기 때마다 삼국유사, 팔만대장경 등의 책들을 발간하며 나라와 민족의 힘을 하나로 모아 국난을 슬기롭게 극복해 온 자존감 높은 민족입니다. 세계 최빈국에서 한강의 기적이라는 경제성장을 이루어 낸 나라, BTS를 필두로 한 K팝, K드라마, K영화 등 문화 강국으로 도약한 나라입니다.

이를 바탕으로 작금의 포스트코로나 시대가 더 이상 성장을 목표로 하는 사회가 아닌 새로운 비전의 공론장이 되고 나눔, 양보, 상호 존중이 있는 인간 존중의 사회로 구현되어야 합니다. 집단지성의 힘으로 각계각층의 지혜를 공유하고 가치를 창출함으로써 자신감과 자존감 높은 미래 인재를 육성해야 합니다.

이에 저희 위원회는 마음방역이라는 주제로 집단지성 39인의 목소리를 담아 국가와 국민을 위한 지식으로 마음치유의 場을 마련하고자 합니다. K방역으로 주목 받는 지금 포스트 코로나 시대에 무엇을 해야 할 것인지 코로나블루로 멍든 미래세대와 함께 집단지성의 지혜로 대한민국 미래 비전을 공유하고자 지식재산의 가치 발견(지식인39의 혜안), 지식 가치 공유(마음방역39인의 목소리 출간), 지식가치 창출(대한민국 마음치유)에 기여하고자 합니다.

저희는 전 국민의 마음치유를 위하여 집단지성의 지혜를 담은 『마음방역 39인』 출판과 코로나 종식 시기에 K-북 챌린지마음방역버스킹을 통하여 전국적으로 일제히 전통의 북을 울리어 코로나19를 떨쳐내고자 합니다 전 국민의 마음치유의 물꼬를 틔우기 위해 불철주야 우보천리의 마음으로 최선을 다하고자 합니다.

나눔, 양보, 상호 존중의 마음을 바탕으로 사회 각계각층의 지혜를 모아 국가와 국민에 힘이 되고 또 위로가 되고자 포스트 코로나 시대, 다시 한번 집단지성의 지혜 공유, 마음치유의 場에 함께하여 주시기를 간절히 부탁드립니다.

우리는 자라면서 성장 환경이라는 우물 속에서 사회 통념이란 프레임에 갇혀 왜곡된 정보의 바다에서 살아오면서 다른 분들의 글을 읽으면서 또는 말을 듣고 무릎을 치면서 지혜를 얻고 공감하는 삶을 살아오고 있습니다

지식으로 마음치유를 얻고 빈부격차보다 더 무서운 지식격차를 해소하고자 20대에서 70대까지 각계각층이 동참하는 집단 지성의 힘으로 세대 간의 간극을 좁히고 사회 구성원의 행복을 위하여 전 국민이 지식으로 마음방역 되길 간절히 소망합니다.

2021년 5월
K-북 챌린지마음방역버스킹추진위원장 변리사, 법학박사 황종환

추천사
지식으로 마음치유, K지식으로 강국선도

안녕하십니까? 경기도교육감 이재정입니다. 저는 경기도내 학교 방역일선에서 현장을 돌아보며 보다 나은 교육환경을 만들기 위해 노심초사하고 있으며 교육감으로서 코로나로 인한 열악한 환경에서도 양질의 학업을 위해 혼신의 힘을 다하고 있는 선생님들을 격려하며 코로나 시대의 교육위기를 극복하고자 최선의 노력을 다하고 있습니다.

저는 '마음방역 39'를 열독하면서 많은 공감을 하게 되었습니다. 향후 포스트코로나 시대가 고통과 퇴보가 아닌 새로운 비전의 공론장이 되고 나눔과 양보가 공존하는 인간 존중의 사회로 거듭나야 한다는 생각에 이르게 되었습니다. 빈부격차보다 더 심각한 지식격차 해소를 위하여 출판한 '마음방역 39'를 많은 분들이 공유하여 포스트코로나 시대를 살아가는 혜안을 갖게 되기를 바라는 마음으로 이 책을 추천드립니다.

성공적인 백신방역에 이어 지식으로 마음을 치유하고자 하는 취지에서 기획된 '마음방역 39'를 보면서 그중 특별히 우리나라 역사의 시작인 요하문명을 중국학계가 '중화문명의 기원지'로 주장하는 것에 경각심을 가지게 되었습니다. '21세기 동북아 문화공동체'라는 큰 틀에서 우리나라 학계가 심도 있는 연구를 하여 자신의 목소리를 내지 않는다면 중국학계의 편협된 시각이 전 세계로 퍼져 나가는 것은 시간문제라고 걱정하는 우실하(한국항공대) 교수님의 말씀에 크게 공감하였습니다.

"우리는 기성세대가 만들어 놓은 교육 및 사회적 체계에서 성장했지만, 스스로 삶에 의미를 부여하며 살아간다. 자신의 전공이 아니어도 상관없고, 타인이 가지 않는 길이어도 상관없다는 신념으로 청년들은 오늘도 어느 분야에서든 자신에게 이익이 되는 가치를 찾고 실현하기 위해 살아간다"는 대목에서 대한민국 청년의 미래를 보았습니다.

이태한(전북대 신문) 편집국장 "가치를 추구하는 청년세대"
민상이(제주대 신문) 편집국장 "나와 친해지기"

신라, 고려시대를 거쳐 조선시대 초기까지만 해도 지리는 천문과 더불어 국가를 경영하는 기초 지식과 학문으로 중시되었습니다. 천문은 천체의 운행을 관찰하고 예측하여 정확한 달력을 제작해 시간을 정복하게 하고 지리는 국토의 지형·지세·토지·인구·물산을 파악함으로서 국토 공간을 효율적으로 운영하는 데 기본이 된다는 조상들의 생각, 이어령 선생님의 '신년에 달력을 보는 사람은 시대에 뒤떨어진 사람이다. 지도를 펼치는 자가 향후 100년을 이끌어 갈 것'이라는 큰 가르침에 동감하게 되며 "꿈의 지도를 펼치고 세계로 나아가라"에서 K-지도의 원조, '혼일강리역대국도지도'에 담긴 교훈을 강조한 지리학자 김이재(경인교대) 교수님의 고견 또한 포스트 코로나 시대에 다시 한번 생각할 시대적 과제라 생각합니다.

신화창조의 주역은 머리가 아니라 몸입니다. 체력이 실력입니다. 뇌력도 체력에서 나오며 실력은 오로지 실행에 옮기는 능력입니다. 상식과 통념을 통렬하게 거부하는 비정상적 사유를 즐기면서 어제와 다른 문제를 제기하는 문제아가 될 때, 그 어떤 실패도 색다른 내공으로 축적됩니다. 이유 있는 실패의 흔적이 축적되면 기적을 일으키는 원동력으로 작용합니다. '진로'를 찾아야 '활로'가 열린다는 오픈 마인드로 오리무중이었던 인생을 오색찬란하게 만드는 방법을 제시한 지식생태학자 유영만(한양대학교) 교수님의 미래세대에 대한 사랑이 가슴으로 느껴집니다.

K북챌린지 마음방역추진위원회가 대한민국 각계각층의 다양한 목소리를 담아 공유하면서 마음방역 강국으로 선도해 나가는 것에 진심으로 감사드립니다.

광복회 김원웅 회장님의 나라사랑에 대한 고견 또한 가슴에 깊이 담아 봅니다. 지면관계상 모든 분들을 거론은 못하지만 대한민국을 사랑하는 39명 저자들에게 다시한번 고마운 마음을 전합니다.

반드시 극복해야 할 코로나 시대에 나눔, 양보, 상호 존중의 마음을 바탕으로 사회 각계각층의 지혜를 모아 국가와 국민에 힘이 되고 또한 위로가 되는 마음치유의 場에 동참하여 주시기를 바라며 추진위원들께 심심한 격려의 마음을 전합니다. 감사합니다.

2021년 5월
경기도교육감 이재정

Part.01

빈부 격차보다
심각한 지식 격차

Future

來人簞友和創

수축사회에 대비하는 지혜

홍성국 (21대 국회의원, 前 미래에셋증권 CEO)

예견되는 수축사회로 진입해야

그동안 우리는 미래는 항상 밝고 성장할 것이라는 희망 속에서 살아왔다. 현실이 좀 어렵더라도 시간이 지나면 삶이 향상될 것이라고 기대했다. 그런데 언젠가부터 인지 미래는 암울하고 불확실해졌다. 전 세계적으로 기술과 경제적 이권을 둘러싼 싸움이 점점 더 첨예해지고 종교와 패권을 둘러싼 힘겨루기는 전쟁 직전의 불안감을 고조시키고 있다.

전문가들은 "다른 모든 조건이 동일하다면…"이라는 문구를 즐겨 사용한다. 전문가뿐 아니라 보통 사람들도 이미 주어진 기초 환경을 기반으로 미래를 살핀다. 그러나 이런 식의 예측은 점점 적중률이 더 떨어지고 있다. 아예 엉뚱한 결과가 나오기도 한다. 왜 그럴까? 그 이유는 분석의 기초가 되는 모든 조건이 과거와 완전히 달라졌기 때문이다. 나는 이러한 현상의 원인이 세계가 '수축사회'에 진입하고 있기 때문으로 해석한다.

동시다발적인 대전환을 이뤄내야

르네상스 시대 이후 세상은 과학기술의 발전과 인구 증가로 '파이'가 커지는 팽창사회였다. 그러나 21세기에 들어서면서 그동안의 팽창 요인이 반대로 파이를 축소시키기 시작했다. 인구 감소와 생산성의 획기적 증대로 인한 공급과잉, 환경과 안전에 대한 엄청난 투자 비용, 역사상 최고 수준의 부채 등으로 팽창사회형 고성장이 어려워졌다.

수축사회에 진입하면서 자연스럽게 권력과 부의 양극화가 발생하고 있다. 지금 세계 모든 국가에서는 역사상 가장 심한 양극화 현상에 몸살을 앓고 있다. 양극화에 대한 저항도 치열해지면서 우리는 이전시대보다 더 많이 격렬하게 싸우고 있다. 상대방의 파이를 빼앗기 위한 '너 죽고 나 살자'식의 제로섬사회가 보편적 현상으로 굳어지고 있다. 특히 지난해 발생한 코로나19는 수축사회로의 전환을 가속화 한 사건이다.

예를 들어 최근 자영업의 경쟁력이 약화된 원인은 4차산업혁명 즉, 온라인 쇼핑 확대가 핵심이다. 코로나 국면에서도 초고속 성장을 이어오고 있다. 단순히 자영업에 재난지원금을 지급한다고 해결될 문제가 아니다. 오히려 코로나19가 완치되면 더 어려워질 수 있다. 정부 지원이 막힌 상태에서 소비자는 익숙해진 온라인 소비를 줄이지 않을 것이다. 빅테크 기업들은 공격적 경영으로 내수 시장의 거의 모든 영역에 진출하고 있다. 카카오와 쿠팡의 사업 영역이 늘어가는 속도에 비례해서 자영업의 위기는 구조적 현상으로 굳어질 것이다.

일부에서는 4차산업혁명이 이 모든 문제를 해결해 줄 것이라고 한다. 물론 짧게 보면 4차산업혁명으로 해당 분야의 일자리는 다소 늘어날 것이다. 그러나 4차산업혁명 이외 분야에서 더 많은 일자리가 사라지고 있다. 서비스업을 포함한 생산 현장에서 로봇과 같은 4차산업혁명 기술이 녹아 들자 생산성이 높아지면서 노동 투입 비중이 줄고 공급 과잉은 심화되고 있다.

자동차 산업에만 국한해서 보면 생산 현장에 로봇 사용이 크게 늘면서 같은 공장에서 생산량이 증가하고 있다. 또한 전기차나 자율주행 자동차는 적은 인원으로 누구나 만들 수 있다. 향후 보급이 늘어나면 기존의 자동차산업은 설 자리가 없다. 만일

내연기관을 사용하는 모든 기계가 전기 모터로 대체된다면 어떤 일이 벌어질까?

사회의 기초 틀을 완전히 바꿔야

이쯤에서 우리는 세상을 바라보는 근본적인 시각 교정이 필요해졌다. 세상이 가동되는 기초 환경이 바뀌었기 때문에 살아가는 방식도 완전한 전환이 요청된다. 다가오는 수축사회를 극복하는 방법으로 나는 사회적 자본이라는 원론적인 방안을 제시한다. 사회적 자본이란 도덕적 측면의 사회 기반을 의미한다. 요즘 이슈가 되고 있는 ESG 운동의 확장판으로 볼 수 있다. 사회적 자본이 풍부한 국가들은 양극화나 다양한 갈등을 사회 스스로 치유한다. 따라서 지금은 단기적인 땜질식 처방보다는 근본적인 한방(韓方)적 처방이 필요하다. 우선적으로 사회문화 수준을 높이는 원론적 접근으로 사회의 작동 방식을 새롭게 바꿔야 한다.

수축사회에서 모든 국가, 기업, 개인이 동시에 성공할 수 없다. 과거를 파괴하고 수축사회에 대한 폭넓은 이해를 바탕으로 전략을 세우고 실행하는 개인과 조직만이 생존할 수 있다. 사회 전체를 하나의 거대한 틀(생태계)로 여겨 현상을 살피고 대안을 마련해야 한다. 또한 미래에 집중해야 한다. 과거의 성공 스토리에 함몰되어서는 미래를 볼 수 없고, 대안을 마련하기도 어렵다. 30년쯤 후의 세상 모습을 예측하고 여기에 맞는 사회 전체가 공감할 수 있는 사회적 비전을 마련해야 한다.

지금 세계는 과거와 전혀 다른 세상으로 끌려들어가고 있다. 최근 벌어지고 있는 모든 갈등과 변화는 수축사회에 진입하지 않으려는 몸부림으로 보여진다. 당장의 갈등보다 좀 더 멀리, 그리고 깊게 세상을 바라본다면 위기 속에서도 그마나 대안을 만들 수 있을 듯하다. 사회적 자본이라는 터전 위에 수축사회를 전제로 한 거대한 전환을 더 이상 미루기 어려워졌다.

홍성국

성장 신화를 버려야 미래가 보인다는 베스트셀러 『수축사회』 저자로 전)미래에셋증권 대표이사 사장 역임, 현재 더불어 민주당 국회의원

질문 똑바로 하세요!!

조희원 (청년참여연대 사무국장)

질문 똑바로 하세요?

청년문제를 언론이나 우리 사회가 어떻게 생각하는지 알아보려면, 그보다 먼저 우리세대, 그러니까 청년을 어떤 눈으로 바라보고 있는지를 보는 것이 도움이 된다. 언론은 2030을 관통하는 단어로 '안정'을 사용해왔다. 몇 해 전 대통령이 청와대 직원들에게 나눠줬다는 청년해설서 『90년생이 온다』라는 책에도 청년이 가장 원하는 것은 안정이며, 그렇기 때문에 대한민국 취준생 중 35% 이상이 공무원을 준비하고 있다고 설명한다. 다시 말해, 현재 청년세대는 안정을 최고의 가치로 삼고 이를 행동과 선택의 기준으로 둔다는 것이다.

이 해석의 연장선에서, 사회가 인식하는 청년문제는 청년이 안정을 충족하지 못해서 기인하는 문제다. 집 값이 너무 비싸서 제대로 된 곳에서 살지 못하는 청년주거문제와, 일해도 돈을 벌지 못하는, 일을 하고 싶어도 하지 못하는 청년노동의 문제가 대표적인 청년문제로 거론된다. 물론 좀 더 깊이 들어가면 저렇게 단순한 문장으로 설명할 수 없지만, 결국 청년이 노동권과 주거권을 보장받지 못하고, 이 때문에 안정된 미래를 꿈꿀 수 없는 사회가 지금의 시급한 청년문제다.

청년은 제대로 노동권과 주거권을 보장받으며 산다는 걸 확인받는 사회적 자존감을 원한다. 내가 지금처럼 살면서도 다음 10년을 계획할 수 있는 내 삶의 안정성, 지속가능성을 원한다. 위에서 말한 공무원 준비 비율 35% 이상이라는 통계가 말하는 것이 바로 이 지점이다. 불평등이 만연하고, 10명 중 3명이 첫 직장을 비정규직으로 갖는, 불안정한 사회에서 미래를 계획할 수 있는 일자리가 공무원을 제외하고는 얼마 되지 않는 것이다.

그 안정은 누구를 위한 안정인가요

안정을 얻으려면 공무원이 되는 길밖에 없을까. 지금의 정치와 정책은 이 질문에 제대로 답하지 못하고 있다. '내집마련', '정규직' 등 소수일 수 밖에 없는 안정의 성역을 만들어 놓고, 이를 공정하게 쟁취하기 위한 정책만이 청년을 위한 정책인 듯 말하고 있다. 안정의 성역화는 곧 기득이다. 소수만이 들어갈 수 있는 성처럼 작은 영역에 울타리를 쳐놓고 그 안에 들어가야만 낭떠러지로 떨어지지 않을 수 있다고 잘못된 메시지를 만드는 것이다.

인천국제공항 사태로 빚어진 공정담론도 같은 맥락에서 설명할 수 있다. 누군가는 공기업 등 소위 질좋은 일자리에 정규직 노동자로 입사하기 위해 투자한 시간을 '노력'이라고 부른다. 하지만 이미 기회의 평등이 보장되지 않는 우리 사회에서, 청년들은 같은 노력을 해도 다른 열매를 얻을 수밖에 없다. 모든 절차적 정당성을 획득하고 합법적으로 취득한 '스펙'이지만, 부모의 소득, 자산, 교육 정도, 심지어는 인맥에 따라서 내가 가진 기회의 층위도 달라질 수밖에 없는 게 현실임이 드러났다. 그런 상황에서 학력과 학벌, 안정적으로 취업을 위해 공부할 수 있는 시간을 어떻게 그저 노력으로만 얻을 수 있나. 그렇게 얻은 스펙은 개인의 능력이라고만 설명할 수 없다. 적어도 '공정하다'고 하려면, 부모의 사회적 자산이 자식의 기회가 되는 불평등은 없어야 한다.

최근 1년간 언론에서 청년과 함께 가장 많이 언급한 단어로 '빚투', '영끌'을 들 수 있을 것 같다. 빚내서, 영혼까지 끌어모아 투자하는 청년들의 금융, 재무관리 행동에 유난히 주목했다. 청년들의 주식 투자는 세간의 우려처럼 한탕을 바라는 위험한 외줄 타기는 아니다. 오히려 그들의 이유는 지극히 현실적이다. 내가 공부한 만큼 벌 수 있어서다. 직장에서의 노동력의 대가가 집 한 채 못 구할 만큼의 적은 월급이라면, 발로 뛰어 정보를 습득한 만큼 수익을 낼 수 있는 주식 투자가 더 '가성비' 좋다는 것이다. 그래서 주식 투자하는 청년들에게 노동에 대한 회의감은 당연하게 따라온다. 주식 투자로 일해서 번 돈보다 더 많은 돈을 번다면, 자신의 노동 가치를 다시 생각해볼 수밖에 없다.

이처럼 청년사이에서 주식, 코인 등 투자 열풍이 불면서 생겨난 또 하나의 환상이 있다. 주식시장, 투자시장은 공정하다는 환상이다. 노동시장 진입에 있어 기회의 불평등이 만연하고, 자신의 가치를 노동에서 찾을 수 없자, 반짝 투자로 벌어들인 이익이 자신의 능력인 것 같은 착각이 일어난다. 실제로 주식 투자, 코인 투자로 성공한 소위 온라인 상의 '셀럽'들은 고급정보, 경제 흐름을 읽는 법 등 계속해서 스스로 투자하고 스스로 '노오력'하는 법을 가르친다. 투자에 실패하면 자본력, 정보력의 빈곤해서 실패한 것이라는, 경쟁에서 뒤쳐진 스스로를 '감내'하라는 듯한 메시지를 만든다. 각자도생의 낭떠러지로 내모는 것이다.

그런데 청년이 진짜 '영끌'하고 '빚투'하면 어떤 낭떠러지로 떨어지는 지에 대해서는 말하지 않는다. 실상은 모든 길이 낭떠러지로 통하는 시장이라는 셈이다. 게다가 주식 투자로 정말 큰 돈을 벌 수 있는 것은 소수의 청년만이 선택할 수 있는 자산 증식 방식이다. 유용자금도 없는, 정말 열악한 청년들은 이 경쟁 반열에 들어갈 수도 없다. 이렇게 불평등은 공고해진다. 그러나 정치는 이 현실에 그 어떤 논평도, 대안 제시도 하지 않는다. 그저 청년이 노동의 이유를 잃고, 제도과 공공에서 기대를 찾지 못하고 각자도생의 낭떠러지로 걸어가는 걸 보고만 있을 뿐이다.

새로운 질문이 필요합니다

일하지 않고도 이익을 얻을 수 있는 주식 투자, 부동산 투기에서 새로운 경제구조가 시작되는 양, 돈이 돈을 벌어오는 자산증식 방식이 똑똑하고, 가성비 좋고, 가장 안정적인 자산 증식 방식이 되어버렸다.

인국공 사태 이후 우리에게 남은 건 정규직을 뽑는 그 룰이 누구에게 공정하냐는 질문이다. 안정적인 일자리, 정규직을 위해 공정한 룰을 만들자는 건데, 그 안정적인 일자리가 왜 룰이 필요한 경쟁에 의해 소수에게만 돌아가야만 하느냐는 것이다. 그렇다면 여기서 제도가 고민해야 할 것은 이 울타리 안에 들어가기 위한 공정한 룰을 어떻게 만들 것인가가 아니다. 이보다 더 폭넓은 고민을 시작해야 한다. 울타리를 없애는 고민을 시작해야 한다. 집을 소유하지 않아도, 적은 임금의 노동을 해도 안정적으로 삶을 꾸릴 수 있는 사회를 고민해야 한다.

안정에 대해 다시 이야기하자. 청년이 원하는 안정은 사회적 자존감이다. 내가 돈이 없어도 내 몸 누이고 살 공간에 대한 걱정을 하지 않는 내 삶의 지속가능성이 청년이 원하는 안정이다. 너무 공고해서 모두가 당연하다고 믿는 지금의 기득에 질문을 던져야 한다. 좋은 학교의 졸업장이 있으면 누군가보다 위에 설 수 있다는 생각. 내 명의의 집이 있으면 집이 없는 사람을 무시해도 된다는 생각. 내가 가졌다고 믿는 능력, 기회가 누군가에겐 투쟁을 통해서만 좁혀지는 불평등한 격차의 산물이며, 이른바 '공정'한 절차는 이를 공고히 할 뿐이라는 진실과 마주해야 한다. 잘못된 공정은 사회적 격차가, 또는 자산이 신분이 되는 세습 자본주의적 시장구조의 일면일 뿐이다.

조희원

91년생. 청년참여연대에서 사무국장으로 활동하는 청년활동가. 청년이 먹고 놀고 살고 만나고 사랑하는 것에 관심있다. 세상을 바꾸겠다는 거대한 사명보다 주변을 안전한 공간으로 만들기 위해 활동하는 중. 작은 초가 주변을 밝히며 다음 초에 불을 밝히는 '촛불하나'의 기적을 믿는다.

우리 역사의 시작
요하문명

우실하 (한국항공대 인문자연학부 교수)

기원전 황하문명을 앞선 요하문명의 동이족 영역

지난 수 천 년 동안 야만인의 땅이라고 무시해오던 만리장성 너머 요서(遼西) 지역 요하(遼河) 중상류 지역에서 1980년 초부터 '중원의 황하문명(黃河文明)과는 전혀 다른' 새로운 고대 문명이 발견되었다. 1995년에는 중국학자 곽대순(郭大順)에 의해서 '요하문명(遼河文明)'으로 명명되었다. 요하문명의 발견으로 중국학계는 큰 충격에 빠졌고, 동북아 상고사를 완전히 재편하고 있다.

① 필자는 요녕대학(遼寧大學) 한국학과 교수(2000.2~2002.8)를 마치고 한국에 돌아와서 요하문명에 대해 알리고 국내 학계의 연구를 촉진하기 위해서, 4권의 단독저서와 1개의 요하문명 지도, 그리고 한국과 중국의 관련 학자들과 12권의 공저를 썼다. 그러나 필자의 바람과는 달리 요하문명에 대한 한국 고고-역사학계의 학문적 무관심은 여전하다. 한국학계의 본격적인 연구를 기대했던 필자로서는 답답한 마음을 금할 수가 없다.

② 전통적으로 동이족의 영역이라고 보던 이곳에서 중원의 '황하문명보다 시기적

으로 앞서고 문화적으로도 더 발달된 요하문명'이 새롭게 드러난 것이다. 기존의 사서에 단 한 자도 기록이 없는 철저히 잊힌 문명이었다. 요하문명의 발견으로 중국학계는 큰 충격을 받았다. 요하문명을 고대 동이족의 문명으로 인정할 경우, 황하문명을 중심으로 한 중국의 상고사는 동이족 역사의 방계 역사로 전락할 수밖에 없기 때문이다.

중국의 각종 '역사 공정'들은 모두 통일적다민족국가론(統一的多民族國家論)을 이론적 바탕으로 하고 있는데, (1) 현재 중국 국경 안에 있는 모든 민족은 중화민족의 일원이고, (2) 그들이 이룩한 역사는 모두 중국사의 일부라는 것이 핵심이다.

중국학계에서는, (1) 요하문명의 주도세력이 중국 한족의 조상이라는 전설적인 황제족(黃帝族)이고, (2) 따라서 만주 일대에서 발원하는 후대의 모든 소수민족은 황제족의 후예이며, (3) 이 황제족 후예들이 이룩한 모든 역사는 중국사의 일부라는 논리를 만들고 있다.

중국의 논리대로라면, (1) 이 지역에서 발원한 단군, 예·맥족, 부여족 등이 모두 황제족의 후예로 중화민족의 일부가 되고, (2) 단군, 주몽, 해모수 등등 한국사의 주요 인물들 역시 황제족의 후손이 되며, (3) 한국의 역사-문화 전체가 중국의 방계 역사-문화로 전락한다는 점을 분명하게 기억해야 한다. 이런 논리는 이미 역사교과서에 반영되어 있다. 부여, 고구려, 발해의 역사를 중국 역사 교과서에 중국사로 가르치고 있다는 것을 아직도 모르는 사람들이 많다. 요하문명에 대한 연구는 (1) 식민사학을 둘러싼 사학계의 갈등이나, (2) 이른바 재야사학과 강단사학 사이의 갈등, (3) 민족주의사학이나 실증주의사학 등의 문제와도 전혀 상관없다. 만주 일대에서 수 천 년 동안 묻혀 있다가 새롭게 드러난 요하문명이 우리의 상고사-고대사와 어떻게 연결되는지를 연구하는 것은 학자로서 당연히 해야 하는 일이다.

고조선 영향권인 만주일대에서 중국 황제족 무리 발견

요하문명이 발견된 지역은 우리의 역사교과서에서도 '고조선의 강역/영향권/문화

권/세력권'이라고 가르치고 있는 '요서' 지역이다. 이 지역에서 아무도 알 수 없었던 거대한 요하문명이 발견된 것은 의심의 여지가 없는 '팩트(Fact)'이다. 남미나 아프리카에서 발견된 것도 아니고, 중원 지역도 아닌 만주 일대에서 발견된 요하문명을 무관심으로 일관하는 것은 우리 고고-역사학계의 직무유기다.

③ 중국의 동북아 상고사 재편작업은 생각보다 훨씬 심각한 양상으로 진행되고 있고, 이러한 중국의 시각 변화는 한-중 간의 새로운 역사 갈등을 예고하고 있다. 그러나 불행하게도 우리나라에서는 요하문명에 대해 연구하는 사람이 한 손으로 꼽을 정도에 불과하다. 대부분의 대학 역사학과에서는 요하문명에 대한 강좌조차 없다.

④ 요하문명은 중국만이 독점할 수 있는 것이 아니라 '동북아 공통의 시원문명'이다. 많은 요소들이 고대 한반도, 일본, 몽골 등과도 연결되기 때문이다. 필자는 '제10회 홍산문화 고봉논단(紅山文化高峰論壇: 2015.8.11.~12. 내몽고, 적봉대학)'에서 「요하문명과 'A자형 문화대'」라는 논문을 발표한 바 있다. 요하문명은, (1) 서남방으로 중국의 동해안으로 연결되며, (2) 동남방으로 한반도와 연결되며, (3) 장

강 하류에서는 해로를 통해 한반도 남부와 일본으로 연결된다는 것이다. 필자의 'A자형 문화대' 이론은, (1) 옥 귀고리인 옥결의 분포, (2) 빗살무늬토기의 분포, (3) 동물의 뼈로 점을 치는 골복(骨卜) 전통, (4) 각종 적석총의 분포, (5) 비파형동검의 분포, (6) 치(雉)를 갖춘 석성의 분포 등을 통해서 입증된다.

⑤ 필자는 요하문명의 발견이 새로운 역사 갈등의 실마리가 돼서는 안 되며, '동북아 공통의 시원문명'이라는 인식 아래 '21세기 동북아 문화공동체'를 향한 밑거름이 되기를 희망한다. 그러나 중국학계 입장은 전혀 다른 방향으로 가고 있다. 늦었지만 이제라도 요하문명에 관한 본격적인 연구가 시작되어야 한다. 우리나라 학계가 연구하여 자신의 목소리를 내지 않는다면 중국학계 시각이 전 세계로 퍼지는 것은 시간문제일 뿐이다.

〈자료 1〉 요하문명의 위치와 'A자형 문화대'

* 우실하, 『고조선의 강역과 요하문명』(서울: 동아지도, 2007)

〈자료 2〉 요하문명 명명(1995) 이후 진행된 중국의 국가 주도의 역사 관련 공정

* 우실하, 『요하문명과 한반도』(서울: 살림, 2019), 51~52쪽 〈자료 14〉를 일부 수정.

기간	명칭	주요 내용
1996 ~2000	하상주 단대 공정 (夏商周斷代工程)	하나라보다 앞선 시기에 대해 논의하기 위해서, 하-상-주의 존속연대를 확정하는 공정으로, 그 결과로 확정된 연대는 아래와 같다. 1. 하(夏): BC 2070 ~ BC 1600 2. 상(商): BC 1600 ~ BC 1046 3. 주(周): BC 1046 ~ BC 771
2002 ~2007	동북 변강 역사와 현상계열 연구 공정 (東北邊疆歷史與現狀系列研究工程)	약칭 '동북공정'이란, 중국의 동북 지역 국경 안에서 전개된 모든 민족의 역사를 중국의 역사로 편입하려는 것이다. 그 가운데 고구려도 들어가 있을 뿐, 고구려를 포함한 모든 소수민족의 역사를 중국사로 만드는 것이다.
2004 ~2015	중화문명탐원공정 (中華文明探源工程)	'중화문명탐원공정'은, (1) '중화문명의 근원을 탐구하는 공정'이라는 의미이며, (2) 황하문명, 요하문명, 장강문명 지역에서 출발한 초기 문명이 중원의 요(堯)임금의 왕성인 평양(平陽)으로 밝혀진 도사(陶寺) 유적을 중심으로 통합되어 '최초의 중국(最早中國)'을 이루었다는 '중화문명다원일체론(中華文明多元一體論)'을 정립하고, (3) 이러한 초기 문명 지역을 신화와 전설의 시대로 알려진 '3황 5제'의 시대와 연결하는 것으로, (4) 중국사회과학원 고고연구소 소장 겸 중국고고학회 이사장인 왕외(王巍)가 총 책임을 맡아 진행된 거대한 프로젝트이다.
2010 ~2013	국사수정공정 (國史修訂工程)	국사수정공정은 중국의 정사(正史) 기록인 24사(史)와 청나라의 역사를 기록한 『청사고(靑史稿)』를 합친 25사의 각주 작업을 새롭게 하는 것이다. 『사기』나 『한서』 등 정사 기록들의 본문을 수정할 수 없지만, 새로운 연구와 발굴 결과들을 반영하여 주석을 새롭게 다는 것이다.
2016(?) ~	중화문명전파(선전) 공정 (中華文明傳播(宣傳)工程)	중국사회과학원 고고연구소 소장, 중국고고학회 이사장, 당연직 인민대표인 왕외(王巍)가 2015년과 2016년에 전국인민대표회의에서, 앞서 진행한 여러 공정들의 결과를 바탕으로 중화문명 5000년의 역사를 전 세계에 알리고자 준비 중인 공정이다. 역사교과서를 새로 쓴 것을 포함하고 있다.

우실하

• 연세대 사회학과 학사, 석사, 박사 (동양사회사상, 한국문화론, 한국문화 · 사상사)
• 현) 한국항공대학교 인문자연학부 교수(학부장 역임)
• 현) 동양사회사상학회 회장, 현) 고조선단군학회 부회장
• 전) 중국, 요녕대학 한국학과(韓國學科) 교수 역임 (遼寧省, 瀋陽市)
• 전) 중국, 적봉대학(赤峰大學) 홍산문화연구원(紅山文化研究院) 방문교수
• 홈페이지 : www.gaonnuri.co.kr, 이메일 : woosilha@kau.ac.kr
활발한 저술활동으로 약 30여 권의 공저포함 『요하문명과 한반도』, 『고조선문명의 기원과 요하문명』 및 공저로 『악학궤범 학제적 연구 : 피타고라스 콤마에 대한 보편적 고찰』 『민족종교의 기본사상』 赤峰學院紅山文化研究院(編), 『第十二屆紅山文化高峰論壇論文集』 등 활발하게 저술활동에 전념하고 있는 학자이다.

Part 01
코로나 이후의
일자리 변화

이강태 (前 BC카드 사장, 명지대학교 컴퓨터공학과 교수)

　사람들 모두 다 코로나로 인해 우리의 일상을 송두리째 바꿔 놓을 것이라 생각하지만 막상 추측만 무성하다. 어디를 가야 할 지 모르는 사람들이 서로 멈춰 서서 각자의 갈길을 물어보는 격이다.

　국가, 기업, 가정, 개인 모두의 생활에 대폭적인 변화일 것이다. 모두가 경험하지 못한 상황에서 정부, 기업, 가정, 개인이 각자도생을 하려고 몸부림 칠 것이다. 이런 몸부림들이 효과가 있으면 다행이지만 헛수고가 되면 비극이 될 것이다. 미래가 어떻게 될지 모르지만 그렇다고 모든 것이 180도로 달라지지는 않을 것이다. 앞으로 전개될 변화 가운데 인류역사에서 변하지 않는 기본적인 원칙들은 그대로 유지될 것이다. 예를 들어 "대우받고 싶은 대로 대우해라", "하늘은 스스로 돕는 사람을 돕는다", "콩 심은 데 콩 나고 팥 심은 데 팥 난다", "세상에 공짜는 없다" 같은 것들이다.

　코로나가 여러 부문에 영향을 미치겠지만 우리들, 우리 자식들에게는 직장문제로 영향을 줄 것이다. 이 직장문제는 먹고 사는 절박한 문제이기 때문에 이미 은퇴한 세대들이 지난 시절 겪은 가난이란 화두가 다시 청년들을 궁지로 몰고 있는 것이다. 은퇴한 우리세대는 그런대로 좋은 시절에 월급쟁이를 했다고 본다. 취직도 잘되고, 진급도 잘되고 짤리면 다른 직장에 취직하면 됐다. 감히 행복한 세대라고 말할 수 있다.

슬프게도 지금 청년실업이 큰 문제다. 대학을 졸업해도 일자리가 없다. 지금 일을 하고 있어도 언제 짤릴지 언제 회사가 망할 지 불안 불안하다. 할 게 있다. 정부에서 스타트 업을 육성한다, 대기업들에게 채용을 독려한다 난리지만 근본적인 해결책은 아니다. 이러한 실업의 문제들이 코로나 이후에 더 심각해질 것이다. 그리고 일자리의 변화가 내리막 길에서 가속도가 붙어서 더욱 빨라질 것이다.

앞으로 절대 양질의 일자리는 없을 것이다. 첫 직장부터 양질의 일자리를 찾아서 욜로, 소확행을 꿈꾸는 젊은 사람들에게는 미안하지만 그런 양질의 일자리는 절대 없다. 판사, 의사, 공무원, 대기업 등 전문직조차도 자기들끼리의 경쟁 때문에 먹고 살기 힘들어질 것이다.

양질의 일자리란 고용불안도 없고, 월급도 먹고 살 만큼 주고, 직원들 복리후생도 좋고, 그래서 정년퇴직할 때까지 다닐 수 있고, …뭐 그런 일자리를 말하는 것 같다. 공무원과 일부 전문직을 제외하고는 모든 직장인들이 기본적으로 실직의 공포가 가슴속에 내재해 있다. 고위 공무원들 조차도 정권이 바뀌거나, 후배가 자기 위로 진급하면 자발적으로 옷 벗는다. 고용관계에서는 모든 근로자가 겉으로만 당당해 보일 뿐이지 속으로는 항상 불안해 하는 것이 기본적인 속성이다. 노조가 있다고 해도 회사가 망하는데 주먹 쥐고 소리 질러 봐야 무슨 소용이 있겠는가?

양질의 일자리는 양질의 직원을 전제로 한다. 직원이 양질이 아닌데 회사가 양질의 일자리를 제공할 방법이 없다. 그렇기 때문에 양질의 일자리를 제공해야 한다는 명제는 우리 근로자들이 회사 입장에서 양질의 직원이 되고자 상호 노력할 때 가능하다는 것을 우리 모두가 명심해야 한다.

그러면 양질의 직원이 되기 위해서는 어떻게 해야 하는가? 한마디로 월급 값을 하면 된다. 받는 월급만큼 또는 그보다 많이 부가가치를 창출해서 회사의 수익에 기여하면 된다. 회사와 근로자는 서로 계약관계이다. 듣기 좋게 한 가족이라고 하지만 사실 따지고 보면 근로계약서 외에는 서로 공통 분모가 없다.

많은 직원들이 이 회사에 오래 다녔고, 그동안 회사에서 하라는 대로 일했으니 이제는 회사가 나를 책임져야 한다고 생각한다. 나이 들어서 조금 생산성이 떨어져도 회사가 좀 이해하고 정년퇴직할 때까지는 우리 가족 먹고 살게는 해줘야 한다는 개념을 가지고 있는 직원들이 많다. 공무원 연금 개혁 때도 나온 얘기지만 공무원 생활 하면서 민간 기업에 비해 월급이 작았으니 퇴직 이후에라도 연금으로 보상해 줘야 한다는 얘기를 한다.

공무원이든 민간 기업이든 내가 이렇게 젊어서 회사를 위해서 노력했으니 노후에 회사가 나를 책임지라고 하지만 요즘 먹여주고 입혀주고 키워준 내 자식 놈들도 부모에게 그렇게 안 하는 데 회사가 그렇게 해주겠는가? 그건 막연한 기대이고 환상일 뿐이다. 회사와 나는 단지 냉혹한 고용관계일 뿐이고 내가 가치가 있다고 생각하면 월급 주지만 내가 잠시라도 빈틈을 보이면 회사는 어떤 명목을 붙여서라도 나를 퇴출시키려고 한다.

개인도 그렇지만 회사도 내일 또는 내년에 어떻게 될 지 아무도 모른다. 오직 오늘만 있을 뿐이다. 대학 졸업자들이 삼성을 포함한 일부 대기업, 잘나가는 IT 기업들에 취업하려고 애쓰고 있지만 그것 또한 잘하는 선택인지 아무도 모른다. 또 회사가 잘 나간다고 해서 나도 덩달아 잘 나갈 거라고 생각해서는 안 된다. 원하는 직장에 입사했다고 해서 자기가 하고 싶은 일을 하는 것도 아니다. 또 자기가 오래 근무하고 싶다고 해서 오래 근무하는 것도 아니다. 결론은 직장에서의 모든 선택은 결국 자기 자신의 노력과 경쟁력에 달린 것이다.

회사가 직원의 생계를 위해 일자리를 제공해 주지는 않는다. 회사는 회사를 위해서 직원들을 고용하고 있을 뿐이다. 직원들이 나 스스로를 어떻게 값어치 있게 만드느냐에 노력해야 한다. 지금 맡은 일을 열심히 하면 회사가 나를 책임져 줄 것이라고 생각하면 안 된다. 고도 성장기에는 맞는 말이지만 지금과 같은 저성장 시대에는 맞지 않다.

언제 끝날지 모르는 코로나 때문에 우울해 죽겠는데 아픈 상처에 소금뿌리는 소리를 해서 미안하지만 내가 보기에는 앞으로의 직장 생활이 더욱 더 피곤해지지 않겠는가? 공무원이나 공기업은 탄탄할거라고 생각하는가? 국가부채가 천문학적으로 쌓이고 있는데 그런 정부가 고용을 끝까지 유지할 수 있으리라 생각하는가? 그냥 큰 꿈 안 꾸고, 밥 먹고 살고, 자식들 교육시키면서 소박하게 살고 싶다고? 이런 소박한 꿈 조차도 큰 사치가 될 시대가 다가오고 있다.

우리 자식들은 우리와 다르게 엄청 험한 세상을 살아야 할 것이다. 지금 주말에 자식들이 손자손녀 데리고 와서 외식도 하고 같이 놀기도 한다고 좋아할 일이 아니다. 칠순 팔순 잔치에 와서 재롱 피우고 용돈 준다고 좋아할 일이 아니다. 자식 놈들 불러 앉혀 놓고 직장 일도 열심히 해야 하지만 더 중요한 것은 지속적으로 공부하고 노력해서 자기 자신의 경쟁력을 키우는 것이라고 엄중하게 말해야 한다. 맞벌이 하느라 시간 내기 힘들고 여유도 없지만 그래도 그렇게 해야 한다. 그렇지 않으면 가장으로서 가정을 지키기 힘들 것이다.

코로나 이후에는 양질의 일자리는커녕 일자리 자체를 지키기도 힘들 것이다. 본인들도 이미 느끼고 있을 것이다. 그러면서 설마 그렇게까지 될까? 아니면 닥치면 어떻게 되겠지 하면서 시간을 허비하면 안 된다. 주말에 가족들과 맛집이나 힐링하거나 소확행을 찾아 다녀서는 안 된다. 지금 그렇게 시간을 낭비하고 흥청망청 보내면 곧 짐 싸 들고 부모 집에 기어 들어올 가능성이 크다. 아니면 찾아 와서 유산 주실 것 지금 주면 안 되냐고 채근할 수도 있다.

코로나가 많은 변화를 가져오겠지만 생존이 걸려 있는 일자리에 가장 큰 충격을 줄 것이다. 우리는 운 좋게 피했다고 해도 우리 자식들은, 손자들은 못 피할 것이다. 자식들이 어느 부문에서 무슨 일을 하든, 자기 자신을 위해서 자강불식(自强不息) 해야 한다. 자기 자신을 위해 더 노력하고, 전력투구를 해서 탁월한 개인적인 경쟁력을 갖춰야 한다. 미래는 전문가의 시대다. 전문가는 적어도 자기 분야에 1만 시간 이상을 써야 한다. 지금 젊었을 때 친구들과 어울려 술 마시고, 낚시하고, 골프치고, 당구치고, PC방에 갈 시간 없다. 지금 젊었을 때 외로이 자기 자신을 위한 시간을 가져야 늙어서 초라해지지 않는다.

그동안 사실 우리 모두가 각 부문에서 자신의 부가가치보다 더 높은 보상을 받았다. 한마디로 잘 먹고 잘 살았다. 우리 부모님들이 열심히 일한 덕이다. 우리는 받는 만큼은 일 했다. 지금 젊은이들은 일 안하고 받으려고 한다. 일 안하고 받으려면 빚지는 수 밖에 없다. 빚은 미래 소득을 당겨 쓰는 것이다. 부모 세대의 빚이 이자까지 붙어 자식들에게 몰려 가게 될 것이다. 세상에 공짜는 없다. 자식들이 힘든 세상에서 수많은 난제들을 잘 극복하여 다음 세대에게는 보다 나은 삶을 영위할 수 있도록 노력해 주기를 간절히 기도할 뿐이다.

이강태
전) 하나SK카드 사장, BC카드 사장, 명지대학교 컴퓨터공학과 교수

플랫폼을
왜 이해해야 하는가?

이승훈 (가천대 글로벌 경영학과 교수, 네모파트너즈 대표)

플랫폼의 세상이 오고 있다. 지식은 구글의 검색 플랫폼을 통해 공유되기 시작했고 신문과 방송은 SNS 미디어 플랫폼에게 자리를 내어주고 있다. 이제 무언가를 구매할 때 상점을 찾기 보다는 스마트폰에서 쿠팡과 같은 어플을 찾는 것이 일반적이 되었다. 심지어는 음식까지도 어플을 통해 배달시키는 것이 당연시되는 세상이 된 것이다. 하지만 플랫폼이 무엇인지를 제대로 이해하고 있는 사람은 많지 않다. 플랫폼이란 과연 어떤 의미이고 플랫폼 기업들은 어떻게 경쟁하고 어떻게 발전하고 있는지를 이해하는 것이 이제 선택이 아닌 필수가 되어가고 있는 것이다.

성공한 대표적인 플랫폼 기업인 마이크로소프트, 애플, 구글, 아마존, 페이스북, 알리바바, 텐센트 기업가치를 보면 어마어마하다. 플랫폼의 대장인 애플은 이미 한화로 2천조를 넘어섰고 천조를 넘는 플랫폼 기업이 계속 출현하고 있다. 이들이 이러한 높은 가치를 인정받는 이유는 단순히 창출해내는 이익규모가 크기 때문만이 아니라 이들의 사업방식이 기존과는 다르기 때문이다.

플랫폼은 이전과는 다른 형태의 사업방식이다. 플랫폼은 시장의 공급자와 소비자를 모두 대상으로 무언가 새로운 환경, 도구, 인프라를 제공한다. 플랫폼이 매력적이라면 공급자도 소비자도 자발적으로 참여하기 시작한다. 플랫폼은 태생적으로 개방적이기에 성장속도는 눈부시다. 그리고 플랫폼 참여자들의 자발적인 노력으로 해당 영역은 한 단계 발전한다. 지식이 공유되고 미디어는 공정해지고 상거래는 훨씬 편해졌다. 그 플랫폼이 이제 삶의 모든 영역에 한 걸음 더 다가오고 있다.

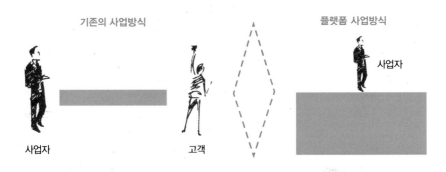

기존의 사업방식   플랫폼 사업방식

사업자

사업자   고객

우리가 기존에 알고 있던 사업방식은 단면적이다. 하나의 선위에 우리는 자리를 잡고 생산, 제조를 하거나 유통, 판매를 해왔다. 그 선은 언제나 소비자를 향한다. 반면에 플랫폼 사업자들은 이 선들을 모두 모아 면을 만들고 그 면을 관리한다. 선에서 면으로의 변화를 알고 있으면 플랫폼과 기존 사업을 쉽게 구분할 수 있다. 그저 기존에 하던 방식에서 조금 변화되었거나 진화됐다 생각하면 오산이다.

플랫폼 기업이 기존의 사업과 가장 중요한 차이는 이미 언급했듯이 "양면시장" 즉 생산자와 소비자, 판매자와 구매자 두 개의 시장을 모두 바라본다는 점이다. 두 시장을 모두 만족시키는 새로운 장(場)을 만들어서 그 장이 성립되면 플랫폼은 안정성을 갖는 것이다. 시장에서 참여자로 들어가 나의 상품을 판매하는 것이 아니라 새로운 시장을 만드는 것이다. 우리가 일상적으로 이야기하는 "오픈마켓"의 개념이 가장 전형적인 플랫폼이다.

오픈마켓 사업자인 쿠팡, 지마켓, 11번가는 판매자와 구매자를 위한 장(場)을 만들어 제공한다. 그리고 그 장위에서 판매자와 구매자가 만나 거래를 하게 돕는다.

그 장에는 쿠팡의 로켓와우와 같은 배송서비스도 있고 지마켓의 엘로우페이와 같은 지불 수단도 있다. 새로운 시장을 만들어 두 시장의 참여자들을 끌어 모으기 위해서는 다양한 도구들도 제공해야 하고 판매자나 구매자나 모두 인정할 만한 운영 원칙이 제공되야 한다. 수수료가 너무 높으면 판매자들이 반발하고 배송비가 너무 비싸도 소비자들이 떠나간다. 양면시장으로부터 환영받는 그런 플랫폼이 되는 것이 플랫폼이 성립되고 성공하는 길이다.

플랫폼간의 경쟁은 시장을 배분하는 경쟁이 아니라 하나의 플랫폼이 남을 때까지 지속되는 적자생존의 경쟁이다. 그래서 플랫폼 경쟁의 마지막은 독점 사업자를 남겨둔다. 규모 즉 플랫폼의 크기가 플랫폼의 가장 중요한 경쟁력이기에 누구나 빠르게 성장하기 위해 노력한다. 그래서 플랫폼 경쟁은 목숨을 건 싸움이다. 구글이 지식이라는 영역에서 페이스북이 SNS를 기반으로 한 미디어 영역에서 그리고 아마존이 상거래라는 영역에서 이미 독점적인 지위를 차지하는 과정은 이러한 플랫폼 간의 경쟁에서 이기고 얻어낸 전리품이다.

플랫폼 이야기는 성공한 플랫폼들이 어떻게 시장에서 성립되었는가를 이해하는 과정이다. 물론 우버(Uber)와 같이 아직은 성공하지 못한 플랫폼 기업이 겪고 있는 문제를 이해하는 과정일 것이고 위워크(Wework)처럼 플랫폼이 되고자 했지만 인정받지 못한 기업의 이야기이기도 하다. 하지만 플랫폼이 지배하는 세상이 가까이 다가오고 있다. 이제 플랫폼을 이해해야 한다.

이승훈

미국 UC 버클리 MBA (1997) SK 텔레콤, 인터넷 전략본부장, 포탈본부장, 미디어 본부장. 인터파크 총괄사장CJ 그룹 경영연구소장(그룹 미래전략 수립, 회장 보좌)
저서로는 『플랫폼의 생각법』, 『중국플랫폼의 행동방식』등이 있으며 EBS Business Review Plus, "플랫폼이란 무엇인가?" 10회 출연 등 플랫폼을 주제로 삼성전자, 엘지그룹, 포스코, 현대자동차, KT, SK그룹, KB금융지주, 신한금융지주 등에서 강의, 플랫폼 관련 다수의 기고

'진로'를 찾아야 '활로'가 열린다!
오리무중했던 인생,
오색찬란하게 만드는 방법

지식생태학자 유영만 (한양대학교 교수)

책상에 앉아서 진로를 고민하기보다 몸을 던져 내 삶의 활로를 찾기 위해서 던져야할 5가지 질문을 던져본다. 5가지 질문에 대한 치열한 탐색과 실험이 오리무중(五里霧中)했던 내 인생을 오색찬란(五色燦爛)하게 빛나게 만들어준다. 다섯 가지 질문에 대답하는 길이 곧 행복하게 살아가는 열쇠를 찾는 길이다. 어제와 다른 물음표를 던져야 어제와 다른 느낌표가 나온다. 호기심의 물음표가 바뀌면 감동의 느낌표도 바뀐다. 감동의 느낌표는 호기심의 물음표가 낳은 자식이다.

① '비전'을 찾아야 '비상'할 수 있다
나는 전보다 잘하기 위해 내 인생의 '비전'을 찾고 있는가?
아니면 남과 '비교'하며 남보다 잘하려고 노력하고 있는가?
비전(vision)은 내 꿈을 비주얼라이제이션(visualization), 즉 시각화시켜 놓은나의 미래 청사진이다. 비전을 찾아야 비상할 수 있다. 비전을 찾지 않고 남과 비교하기 시작하면 비참해진다. 행복은 비교에서 오지 않고 꿈꾸는 비전에서 온다.

비전은 듣는 순간 3초 이내에 주먹이 불끈 쥐어지고, 입술이 깨물어지며, 심장이 뛰고, 자다가도 벌떡 일어나게 만드는 내 삶의 궁극적인 지향점이다. 전보다 잘하기 위해 노력하는 사람은 일일신우일신을 거듭하며 일취월장하지만 남보다 잘하기 위해 노력하는 사람은 언제나 경쟁심에 사로잡혀 불행한 인생을 산다.

② '뇌력'은 '체력'에서 나온다

나는 지금 몸을 움직여 '땀'을 흘리고 있는가?

아니면 앉아서 시기하고 질투하며 '침'만 흘리고 있는가?

진정한 공부는 내 몸이 일상과 만나는 마주침을 통해 깨닫는 체험적 깨우침이다. 공부는 책상에서 머리로 하는 게 아니라 일상에서 몸으로 부딪히며 깨우치는 깨달음이다. 뇌력도 체력에서 나온다. 몸이 부실해지면 마음도 무너지고 사유는 실종된다. 남다른 사유도 남다른 몸에서 나온다. 운동하면 행복해지고 행운도 저절로 굴러들어온다. 운동은 그래서 운명도 바꾸는 행동이다. 성공하는 사람은 몸으로 한계에 도전하면서 땀을 흘리지 앉아서 누군가를 시기하거나 질투하며 침을 흘리지 않는다. 꿈은 몸으로 꾸는 것이다

③ '정상'에 포함되지 말고 '비정상'이 되어라

나는 지금 정해진 길을 쫓아가는 정상적인 '모범생'인가?

새로운 길을 개척하는 비정상적인 '모험생'이 되려고 노력하는가?

정상을 정복한 사람은 하나같이 비정상이다. 생각지도 못한 비정상적인 생각은 생각지도 못한 많은 일을 저지르고 당했을 때 비로소 잉태된다. 정상에 가려면 비정상이어야 한다. 비정상만이 정상에 갈 수 있다. 정상적인 사람은 세상의 통념을 따르는 모범생이지만 비정상적인 사람은 통념을 통렬하게 비판하고 남들이 정한 한계에 도전하는 모험생이다. 모험생은 남들이 걸어가지 않은 위험한 길을 선택해서 모험을 거듭하며 정상적인 생각에 시비를 거는 비정상적인 발상을 일삼는다.

④ '정답'을 찾지 말고 '문제'를 찾아라

나는 지금 '정답' 찾기에 몰두하고 있는가?

아니면 전대미문의 '문제'를 발굴하려고 노력하는가?

"현명한 사람은 어리석은 질문으로부터 배우고, 멍청한 사람은 현명한 대답으로부터 배운다." 브루스 리(Bruce Lee)의 말이다. 앞으로 우리에게 필요한 인재는 질문을 잘하거나 문제를 잘 내는 문제아다. 문제아는 주어진 문제에 정답을 찾기보다 그 누구도 던지지 않은 질문을 던져 놓고 그 답을 찾으러 미지의 세계로 떠나는 사람이다. 정답을 찾는 능력은 인공지능이 인간보다 더 빨리 찾아낼 수 있다. 인간의 고유한 능력 중의 하나가 바로 호기심을 갖고 질문하는 것이다.

⑤ '실패'를 해봐야 '실력'을 쌓을 수 있다

나는 지금 '실패'하지 않기 위해 안간힘을 쏟고 있는가?

실패를 통해 '실력'을 쌓는 방법을 강구하고 있는가?

실패해봐야 내가 누구인지 정확하게 알 수 있다. 사람은 실패하면 실패 경험을 복기하면서 다음에 실패하지 않기 위해서는 어떻게 해야 하는지를 비판적으로 따져보고 물어본다. 사람은 오로지 실패를 통해서 자기 정체성을 확인할 수 있다. 실패를 해봐야 실패에 대한 냉정한 성찰을 통해 자신이 누구인지, 내가 잘할 수 있는 것이 무엇인지, 그리고 내가 잘 할 수 없는 것이 무엇인지를 알 수 있다. 넘어져 봐야 다른 기회가 보인다. 넘어져 봐야 평소에 볼 수 없었던 색다른 가능성을 볼 수 있다. 이처럼 실패는 정상적인 방법으로는 볼 수 없었던 색다른 가능성을 볼 색다른 기회와 무대를 마련해준다.

꿈 깨야 꿈 꿀 수 있다. 책상에 앉아서 잔머리 굴려가며 꿈꾸지 말고 온몸으로 한계에 도전하면서 꿈을 꿔야 내가 하면 재미있는 능력, 재능을 발견할 수 있다. 신화창조의 주역은 머리가 아니라 몸이다. 체력이 실력이다. 뇌력도 체력에서 나온다. 실력은 오로지 실행에 옮기는 능력이다. 상식과 통념을 통렬하게 거부하는 비정상적 사유를 즐기면서 어제와 다른 문제를 제기하는 문제아가 될 때, 그 어떤 실패도 색다른 실력으로 축적된다. 색다른 실패의 흔적이 축적되면 기적을 일으키는 원동력으로 작용한다.

유영만

한양대학교 교육공학과 학부와 대학원을 졸업하고 미국 플로리다 주립대학교 교육공학 박사 학위를 취득한 지식생태학자 유영만 교수는 현재 한양대학교 사범대학교 교육공학과 교수이자 90여 권의 저서를 출간한 다작가이기도 하다.

마음방역은
올바른 가치관 정립에서

이장희 (한국외대 명예교수)

　인간 삶에서 가장 큰 근본적인 갈등은 "소유"냐 "자유"냐 이것이 늘 문제가 된다. 소유란 자기중심적 주관적 욕망에서 나온 집착의 결과이고. 자유란 자신의 객관적 성찰 후에 자기중심에서 벗어난 공동체적 가치 추구의 결과이다. 그래서 인간의 삶의 성숙도는 어느 정도까지 자신을 객관시해 볼 수 있는 가치관을 갖느냐의 여부에 달려있다. 나이가 들고, 다양한 경험을 겪으면서 우리는 조금씩 객관적으로 자아를 성찰할 수 있는 쪽으로 발전해 가기 시작한다. 이는 개별국가와 국제사회와의 관계 발전에도 그대로 적용될 수있다.

　한 예로 평소 개별 인간과 개별 국가와 관련이 전혀 없어 보이는 인간을 둘러싼 지구촌 문제를 하나 살펴보자. 태양계 주변에는 태양에서 방출되는 인간과 자연생태계에 매우 해로운 자외선을 흡수해 지표로 도달하는 것을 막아주는 오존층이란 것이 존재한다. 만약 오존층이 없다면 자외선이 지표까지 그대로 도달해 지표면의 온도가 지금처럼 유지될 수가 없어 인간과 자연생태계가 생존하기 어렵다. 기후변화협약은 자외선으로부터 지구 온난화 방지를 위해서 오존층을 파괴하는 모든 온

실가스(탄산가스 등)의 인위적 방출을 규제하기 위한 것이다. 그런데 각 국가는 자국의 기업이익만을 생각해, 기후변화협약을 지키지 않고 오존층을 파괴하는 탄산가스 방출을 방치하고 있다. 탄소사용 산업은 태양계 주변 오존층을 파괴해 지구의 생태계를 파괴하는 공범자이다. 가장 많이 산업화를 이룬 미국과 선진산업국은 오존층 파괴 및 지구온난화의 주범국가이다.

지속가능한 지구촌 생태계를 위해서 코로나19도 지구촌적 사고를 해야 극복이 가능하다. 코로나19도 기후변화와 생물다양성 파괴, 환경오염으로 인한 지구환경 파괴 등 인간 생명과 안전의 위협과 밀접한 관계가 있다는 것은 주지의 사실이다. 따라서 코로나19라는 공적을 대처하는 입장에서 개인과 국가, 국내사회와 국제사회가 따로 구분이 있을 수 없다. 그러므로 국내외 사회가 나름대로 이에 맞서는 효과적인 방역체계 및 백신체계 개발에 최선을 다해야 한다.

여기서 두 가지 확실한 것은 하나는 인간사회가 대면사회 중심에서 비대면사회 중심으로 바뀌고 있다는 점이요. 두 번째는 비대면사회가 장기간 지속될 것이라는 것이다.

이런 관점에서 우리는 코로나19가 우리 인간에게 주는 깊은 시사점이 무엇이고, 우리는 이것을 계기로 어떻게 새로운 인간사회로 발전해 가도록 하는 집단적 지식 가치를 창출할 것인가를 깊이 숙고해야 한다.

인간사의 수많은 역사적 경험들을 반추해 보면, 지구촌에서 일어난 모든 인간사, 즉, 희로애락과 생로병사에 관련된 사건들이 지나고 보면 나름대로 우리 인간에게 모두 반면교사였다. 그래서 인간사의 기쁨과 아픔이 남긴 자국의 함의를 정확히 간파하는 일은 매우 중요하다.

코로나19도 예외 없이 인간에게 주요한 가치관의 정립이 필요함을 보여주고 있다.

첫째, 인간과 지구촌을 지속가능하게 발전시키기 위해 코로나19는 인간이 지나친 "소유"중심의 가치관에서 벗어나 모두가 함께 행복을 공유하는 공적가치 "자유"의 가치관으로 전환해야 함을 일깨워준다.

둘째, 19세기 국가중심의 국가간 체제인 국제사회(international society)에서

주권국가외에도 비국가조직(NGOs) 및 개인도 국제사회의 당당한 주체로 참여시키는 국제공동체(International Community)로 나아가야 할 것임을 시사해 준다.

셋째, 코로나19는 방역은 개별국가, 즉, 한 국가내에서의 방역만으로는 안 되고, 개인 및 개별국가를 넘어서 국제공동체와 더불어 단순 협력(Cooperation) 차원을 넘어 연대(Solidarity)해야만 지구촌이 살아남고, 그 속에서 개별적 국가나 개인도 생존할 수 있다는 국제공동체운명체적 사고를 명백히 각인시켜준다.

코로나19에 직면하여 남북한 교류협력에서도 더 이상 남북한이 따로 없다. 방역해야 할 코로나19라는 공격 목표만 있을 뿐이다. 남북한 정부 차원이나 남북한주민 사이에도 방역에서는 구분이 필요 없다. 모두가 코로나19에 대응하여 더불어 살아남아야 한다.

결국 이것은 코로나19를 개별 국민이 어떻게 바라보고 대응하느냐, 즉, 올바른 가치관 정립의 문제로 귀결된다. 인류사회가 농업혁명-산업혁명-정보혁명-인공지능 시대로 변화해오면서 인간의 가치관은 빠르게 변화해오고 있다. 이로 인해 현대인은 끊임없이 "나는 누구인가?"하는 대한 질문에 대해서 고정된 정답을 하기

어려웠으며, 그래서 현대시대를 가치관의 혼란시대라고 부르기도 한다.

　개인의 가치관은 사회안에서 발전되는 것이므로 개인가치관의 문제는 개인의 문제 일뿐만 아니라 사회전체의 문제가 된다. 개인의 가치관은 인간행동의 동기로서 작용하므로 사회를 유지, 개혁, 와해하는 데 있어서 하나의 중요한 요인이 될 수 있다. 한 나라의 국민들이 얼마나 건전한 가치관을 갖고 있는가는 지속적인 사회발전을 해나가는데 있어서 매우 중요하다. 이러한 맥락에서 볼 때, 코로나19는 우리 개인, 인류사회 그리고 국제공동체에 올바른 가치관에 기초한 마음의 방역이 매우 중요함을 새삼 깨우쳐 준다. 우리는 우리를 둘러싼 우리 이웃 그리고 대자연과의 화해가 절실히 필요하다. 우리는 지나친 소유 추구적 가치관에서 "자유" 중심의 가치관으로 전환해야 진정으로 지속가능한 행복을 누릴 수 있을 것이다.

이장희

대한민국의 법학자, 대학교수이다. 한국외국어대학교 법학전문대학원 명예교수,
(사)남북경협국민운동본부 상임대표 등 활발하게 통일운동을 하고 계시면서 국제 엠네스티 한국지부
법률가위원회 명예위원장

성장환경 우물과
사회통념의 프레임 밖으로

Human

來人寶友和創

Part 02

위기의 가면 뒤에
빛나는 상생과 기회의 얼굴

이홍정 목사 (한국기독교교회협의회 총무)

코로나19 감염병이 온 세상을 혼돈과 무질서 속으로 몰아넣고 있습니다. 인간의 탐욕이 창조질서를 파괴하고 기후위기를 초래하며 만들어낸 물질문명이, 얼마나 지속 가능하지 않은 사상누각인지를 절감합니다. 위기가 가져오는 상실의 고통 속에서 인간을 향한 하늘과 땅, 그 사이 바람의 소리를 듣습니다. 탐욕의 질주를 멈추라는 하늘의 소리, 생명의 빛 아래서 성찰하라는 땅의 소리, 생명으로 인도하는 좁은 길로 돌이키라는 바람의 소리를 듣습니다. 이 소리는 생명의 망이 지닌 상호 의존성에 대한 깊은 자각을 가지고, 전 인류적 차원의 생태적 회심과 문명사적 전환을 이루라는 종말론적 경고이고 초대입니다.

감염병 위기는 상처 입은 생명세계가 인간에게 보내는 초대장입니다. 인간의 탐욕에 뿌리 내린 반생태적 문명의 질주를 이제는 멈추자는 초대입니다. 지구생명공동체 전 구성원과 더불어 집단지성과 지혜를 모으는 비판적 성찰의 시간을 갖자는 초대입니다. 코로나19 이전으로의 단순한 회복을 성급하게 서두르기 보다는, 현대 문명이 지닌 반생명적 목표를 과감히 수정하고 돌이키면서 긴 호흡으로 새로운 일상을 창출하자는 초대입니다. 코로나19 이전과 이후를 상상하던 인식의 틀을 벗어나 생명의 본질에 마음을 모으며, 위기를 상생을 위한 변혁의 기회로 전환하자는 초대입니다. 감염병 위기라는 혼돈의 가면 뒤에 숨어 있는 상생의 기회의 얼굴, 그 생명의 얼굴이 다시 빛나는 전환의 계기를 만들자는 초대입니다.

인수공통 감염병 시대에 내재된 감정의 트렌드는 두려움입니다. 두려움에서 비롯된 우울증, 자기 비하, 피로감, 실망감 등이 자기존엄성에 상처를 남기며 자신을 두려움에 갇혀 있게 만듭니다. 이 두려움을 극복하고 치유하려면 두려움의 이면에 공존하는 희망과 용기의 끈을 놓지 말아야 합니다. 두려움은 희망과 용기 없이는 있을 수 없는 감정이고, 희망과 용기는 두려움 없이 있을 수 없는 마음이기 때문입니다. 두려움이 희망과 용기와 함께 상존하는 것이라면, 두려움은 오히려 성숙할 필요가 있는 자존감의 영역이 무엇인지를 가리켜주는 마음의 지도입니다.

두려움을 극복하기 위한 희망과 용기는 사랑으로부터 나옵니다. 사랑은 목적지이기 이전에 여정입니다. 사랑의 여정 없이 사랑의 완성은 없습니다. 사랑의 여정, 그 자체가 목표입니다. 사랑의 여정 속에 담긴 공동체적 사랑과 연대를 통해 정의와 평화가 입맞추는 세상은 만들어집니다. 그러므로 사랑이 정의와 평화의 길이요, 구원과 해방에 이르는 길입니다. 사랑은 자기 비움의 길을 걸어 변혁을 이루는 힘입니다. 집행유예를 선고 받은 자의 심정으로, 소금처럼, 빛처럼, 바람처럼, 꽃의 향기처럼 우리 자신을 철저하게 비워낼 때, 지금 여기, 우리의 삶의 자리는 사랑의 사건이 됩니다.

사랑은 행동하는 기도입니다. 기도는 평화의 문을 여는 열쇠입니다. 기도는 분단과 냉전의 마음 밭을 갈아 엎고 화해와 일치의 열매를 맺게 하는 평화의 호흡입니다. 기도는 수난 당하는 사랑으로 생명의 연대를 형성하게 하는 평화의 힘입니다. 기도는 희망하는 내일을 믿고, 그 믿는 바를 이루기 위해 순교적 순례의 길을 가게 하는 평화의 이정표입니다. 기도는 갈등을 화해로 전환하고, 생명의 풍성함을 위한 순환의 정의를 회복하게 하는 마르지 않는 평화의 샘입니다.

이웃 사랑이 위기를 극복하는 힘입니다. 위기 속에서 자기중심적으로 함몰되지 말고, 오히려 사회적 약자와 소수자를 환대하며 동행하는 사랑의 길을 걸어갑시다. 역지사지의 마음으로 이웃을 돌아보며, 누구도 정죄하거나 차별하지 않고 환대함으로, 혐오와 차별, 배제가 만연한 불평등 위험사회를 생명의 축제마당으로 만들어갑시다.

자연 사랑이 위기를 극복하는 힘입니다. 인간 생명의 모판이요 생명살림을 위한 상호의존적 상생의 망인 자연을 내 몸과 같이 돌보고 사랑함으로, 기후위기를 극복하고, 생태정의와 평화를 이루고, 생명중심의 문명사적 전환의 길을 열어갑시다.

민족 사랑이 위기를 극복하는 힘입니다. 생명세계의 상호의존성에 대한 깊은 자각을 기반으로, 남과 북이 한반도생명공동체의 평화적 상호의존성을 강화하도록 생명중심의 한반도평화체제를 구축합시다. '한반도종전평화운동'을 통해 남북갈등과 남남갈등, 냉전문화의 구조적 원인인 분단과 분단심리를 극복하고, 정의와 평화가 입맞추는 치유되고 화해된 생명평화의 한반도를 만들어갑시다.

'해현경장(解弦更張)', 거문고의 줄을 풀고 다시 고쳐 맨다는 뜻입니다. 새롭게 줄을 매어야 할 때 매지 않으면 아무리 훌륭한 악사라 하더라도 연주를 잘할 수 없습니다. 진정한 희망은 풀고 다시 매야 할 때에 스스로를 내어주는 용기에서 비롯됩니다. 진정한 사랑은 공동체의 변화를 가져오는 '해현경장'을 위해 자기 자신의 해체와 재구성을 수용하는 것입니다. 위기에 직면하여 내면의 깊은 두려움으로 인해 상처 입고 느슨해진 전인적 생명관계의 끈을 사랑의 힘으로 풀고 다시 고쳐 맵시다. 희망과 용기를 가지고 적극적으로 두려움을 대면하며, 사랑으로 상처를 치유하고 화해의 자리로 나아갑시다. 위기의 가면 뒤에 숨은 상생의 기회의 얼굴이 빛나도록 새로운 일상을 만들어갑시다.

이홍정

한국기독교교회협의회(NCCK)총무로 서울대와 장로회신학대 신학대학원을 졸업한 뒤 영국 버밍엄대에서 선교학으로 박사학위를 받고 아시아기독교협의회(CCA) 국장과 예장 통합 사무총장 등을 역임한 에큐메니컬 선교 분야 전문가다.

'나'와 친해지기

민상이 (제주대신문 편집국장)

우리가 하루 24시간 중 나와 나를 마주하는 시간은 몇 분 몇 초나 될까?

평생동안 인간은 누구나 외로움이라는 감정을 지니고 살아가야 한다. 코로나19
는 우리의 예상보다 빠르고 깊게 우리를 외로움 속으로 밀어넣었다. 건강보험심사
평가원의 '2020년 상반기 진료비 주요통계'에 따르면 2020년 상반기 정신건강의
학과 내원일수는 614만 일로 전년(556만 일)보다 10.4% 증가했다. 동일 기간 진
료비용도 2,815억 원에서 3,327억 원으로 18.2% 늘어났다. 특히 우울증을 호소
하는 사람이 급증했다. 보건복지부의 코로나19 국민 정신건강 실태조사에 따르
면 '우울 위험군'은 코로나19 사태 전인 2018년에는 3.8%였으나 코로나19 이후인
2020년 3월에는 17.5%, 9월에는 22.1%까지 증가했다. 펜데믹 상황 속에서 오는
외로움을 극복하는 방법 중 하나는 나와 친해지다.

매일매일 반복된 일상 속에서도 하루하루는 특별한 의미를 갖고 있다. 바쁘고 정
신없는 세상 속에서 살아간다는 핑계로 내가 나를 만나는 시간을 갖지 않는다면
'나'라는 주체가 없는 시간 속에서 살게 된다.

내가 주체가 되는 삶을 살기 위해 나를 돌아보는 시간을 가져야 한다. 작년부터 우리나라에서는 미라클모닝이 유행하고 있다. 미라클모닝은 일과가 시작되기 2~3시간 전 이른 아침에 일어나 독서나 운동 등의 자기계발 활동을 하는 것이다. 주로 새벽 4~6시 사이에 일어나 누구에게도 방해받지 않는 나만의 시간을 만든다. 미라클모닝은 아침형인간과 비슷하지만 그 목적이 성공이 아닌 자기계발과 자기돌봄이라는 점에서 차이가 있다. 나에게 집중하는 시간을 가지며 새로운 시작을 가능하게 하고 내가 이루고자 하는 바에 가깝게 도달하게 해주는 하나의 삶의 방법이다. 인스타그램에는 '미라클모닝'의 해시태그 게시글이 34만 개가 넘었다. 사람들은 스터디나 그룹을 만들어 함께 하기도 한다.

미라클모닝이 유행하게 된 이유는 다름 아닌 코로나19에 대한 우울감과 불안감 때문이다. 미라클모닝은 특별한 계획없이 흘러가는 매일매일을 뿌듯함과 성취감으로 채워줄 수 있다.

특히 2030세대에서 미라클모닝 붐이 일고 있다. 전문가들은 2030세대의 자기계발 바람이 코로나19로부터의 우울감에서 벗어나기 위한 노력이라고 말한다. 일상 속 자기계발을 통해 자신감을 되찾으려는 심리가 반영됐다는 분석이다. 미라클모닝을 하게 되면 매일 아침 동일한 시간에 일어나서 똑같은 루틴대로 아침 시간을 보내게 된다. 이런 반복적인 생활은 불확실성을 줄여 불안감을 낮출 수 있다.

미라클모닝뿐만 아니라 일기를 통해서도 나와 대화하는 시간을 가질 수 있다. 인생그래프가 우상향하면 좋겠지만 롤러코스터처럼 올라갔다 내려갔다 한다. 인생그래프가 하향선을 그릴 때마다 친구들이나 가족들에게 의지하며 살아갈 수는 없다. 내 감정은 내가 돌봐야 한다. 일기는 나와의 대화를 통해 스스로 감정을 돌볼 수 있게 한다.

어떤 문제를 해결해야 하거나 중요한 선택을 해야 할 때 답을 알고 있지만 감정에 사로잡혀서 제대로 된 판단을 못할 때가 있다. 내가 내 상태를 모르니 답이 보이지 않아 답답하고 어렵다. 이럴 때 일기를 쓰면 내 상황과 감정을 객관적으로 볼 수

있다. 답이 없어도 괜찮다. 내가 내 상황을 아는 것만으로도 힘이 된다.

올해로 일기를 쓴 지 4년째다. 물론 매일매일 쓰지는 못했지만 일기를 꾸준히 쓸 수 있었던 이유는 일기를 씀으로 인해 엉켜있던 내 마음이 풀리고 정리되는 느낌을 받았기 때문이다.

감사일기나 반성일기를 쓰며 자신을 돌아보는 시간을 갖는 것도 좋다. 자신이 감사함을 느꼈던 일에 대해 쓰면, 사소한 일이라도 다시 한번 돌이켜 생각해보게 되고 그 안에 있는 행복을 찾을 수 있다. 반성일기를 쓰며 '다음에는 그러지 말아야지'라고 생각하면 같은 실수나 잘못을 반복하게 될 확률도 줄어들고 더 나은 사람으로 성장할 수 있다.

"최선을 다 하자"라는 말은 가장 쉬우면서도 실천하기 힘든 말이 아닐까 싶다. 나에 대해 잘 인지하고 있으면 내가 무엇을 잘 하는지, 어디까지 할 수 있는지 인지할 수 있다. 작은 일에도 최선을 다 하면서 내가 알고 있는 내 한계를 깨는 순간 한 단계 성장한다. 그 일이 실패하더라도 후회는 남지 않는다.

연애도 마찬가지다. 상대방에게 모든 것을 쏟아부은 연애가 끝나면 슬픔은 남지만 미련은 남지 않는다. 모든 것을 쏟아붓지 않은 연애가 끝나면 '그때 내가 더 잘할 걸!', '그때 그렇게 행동하지 않았으면 헤어지지 않을 수 있었을까?'라는 미련과 후회가 남는다.

세상 사람들 모두 이번 생이 처음이다. 좋은 것만 보고 맞는 길로만 갈 수는 없다. 인생을 행복하게만 살아야 한다고 강요하는 것은 아니지만 무의미하게 흘려보냈던 시간을 더 이상 놓지지 않으려고 노력해야 한다. 그 과정 속에서는 내가 중심이 돼야 한다.

누구도 내 삶을 대신 살아줄 수는 없다. 만약 누가 내 삶을 대신 살아준다고 해도 그 시간은 진정한 나의 인생이 아니다. 나의 시간을 온전히 내 것으로 만들어야 한다.

언제든지 자기자신을 위한 시간을 가져야 한다. 많으면 많을수록 좋다. 그래야 나를 알고 나의 시간을 인식할 수 있다. 시간과 역할에 쫓기는 삶이 아니라 시간 속을 걸어가는 삶을 살아야 한다. '해야지'라는 생각만으로 되는 일은 없다. 목표와 계획을 세우고 작은 일이라도 실천할 때 성공이든 실패든 그 결과가 나오기 마련이다.

책 시간을 멈추는 기술의 한 구절로 글을 마무리 한다

"자신만을 위한 시간을 다음으로 미루다 보면 결국 그런 시간을 보낼 수 있는 날은 영원히 오지 않는다. 매일 균형잡힌 삶을 살면서 장기적으로 행복한 인생을 누리기 위해서는 결국 여러분 자신만을 위해 쓸 시간을 고정적으로 배치해야 한다."

Part **02**

고조선의 건국이념
홍익인간의 현대적 의미

복기대 (인하대 대학원 융합고고학과 교수)

한국이라는 나라의 기원을 찾아 올라가 보면 4천여 년 전 단군이 세웠다는 것에는 별 이견이 없다. 다만 과학적으로 증명이 가능한 것인가 하는 것에는 생각이 좀 다를 뿐이다. 이런 문제는 전 세계가 공통적인 현상이다. 오늘날 대한민국이라는 나라 이름의 근거가 된 대한제국의 시작도 단군이라는 사람에서 시작되었다는 것을 기록해 놓고 있다. 물론 대한제국 이전인 조선시대, 고려시대, 신라, 백제, 고구려 모두 단군에서 기원을 했다거나 혹은 단군을 국조로 모셨다.

이런 단군이 세운 나라가 고조선이라는 나라이다. 단군이 고조선을 세울 때 목표로 세운 것은 '홍익인간, 재세이화' 였는데 이 말을 간단하게 풀어 본다면 누구든 이 땅에 사는 모든 사람들을 행복하게 살도록 하겠다는 것이다. 이 말은 엄격히 말하자면 환웅이 하늘에서 내려올 때 세운 목표지만 그 말을 실현하는 과정에서 선택된 사람이 단군이었다. 이 말을 곱씹어 보면 나라를 세우는 목표가 하늘에서 내려온 사람들을 행복하게 하는 것이 아니라 땅에 사는 사람들을 행복하게 하는데 있었다. 즉 백성들이 왕을 편하게 하는 것이 아니라 왕이 백성들을 편하게 해야 한다는 목표로 나라를 세운 것이다. 이 목표는 한국사 반만년이라는 긴 세월동안 이어져 내려왔다. 정치제도로 신라의 화백제도, 백제의 정사암제도, 그리고 고구려의 5부제, 신라의 5소경, 고려의 3경제 등등의 제도를 보면 어느 한 곳에 모든 것을 주지 않고 골고루 나눠 갖고 있었다. 뿐만 아니라 국가적으로 중요한 강에 홍익인간 비슷한 뜻으로 이름을 지어지는 것도 볼 수 있다. 고려시대 편찬된 『삼국유사』에 전해지는 기록에 따르면 고구려의 압록강(鴨淥江)이던 중국 만주 지역에 흐르는 요하를 고려시대에는 안민강(安民江)으로 불렀고, 조선시대에는 지금 평양에 흐르는 강을 대동강이라 한 것은 역시 홍익인간과 같은 맥락이라고 봐야 할 것이다. 조선시대에는 세금을 내는데도 투표를 하기도 하였고, 모든 사람이 평등하게 내야 한다는 '대동법'이라는 세제를 만들기도 하였다. 앞에서 말한 많은 제도나 이름들의 의미를 보면 모두 평등하게 세상을 널리 이롭게 하기 위한 것이라 볼 수 있다.

'Democracy'라는 는 말이 동아시아에 들어와 민주주의, 혹은 민본주의로 번역이 되었고, 이 말은 오늘날 최고의 가치로 인정되는 말이기도 하다. 이 말이 서구에서 시작되었기 때문에 민주주의 관련은 대부분 서구에서 찾는다. 그런데 우리 역사에서 보면 'Democracy'라는 말과 거의 같은 뜻을 가진 의미가 바로 더불어 잘사는 사회, 백성들을 이익을 위해 정치를 한다는 뜻을 함축해 놓은 '홍익인간'이 아닌가 한다. 오늘날까지 지구상에 많은 나라들이 일어났다가 사라지고, 또 나라를 세울 때 지도자라는 사람들이 나타나서 내가 세울 나라의 목표를 제시하는데 거의가 다 민주주의 국가건설이다. 그 목표를 세우고 나서 세워진 많은 나라들이 그 목표를 달성하지 못하고 사라진 나라들이 많다. 그런데 우리 역사는 홍익인간이란 이념으로 나라를 세우고 그로부터 시작하여 오늘날까지 이어지고 있다. 고조선의 건국이념이 이렇게 긴 세월 동안 이어져 온 이유는 무엇일까?

이런 이유를 우리는 아주 오랫동안 민주주의를 해왔기 때문이라 생각한다. 지면 관계상 긴 얘기는 할 수 없지만 우리에게는 대를 이어 유지되는 계층분화의 기본인 귀족계급은 아주 일찍 없어졌다. 과거제도가 보편적으로 운영되던 고려시대부터 귀족들은 서서히 없어졌고, 조선시대에 들어서는 아예 귀족들이 없어졌다. 본인 스스로 노력을 하여 시험에 붙으면 관직을 할 수 있고, 그렇지 않으면 아무리 부모가 잘났다 하더라도 벼슬을 할 수가 없었다. 이런 제도는 조선시대와 같은 시대의 다른 나라에서는 찾아볼 수 없는 제도였다.

글쓴이는 직업상 다른 나라들을 자주 다닌다. 그 나라에 가면 그 나라 사회도 느껴보고 여러 사람들을 만난다. 그리고 한국과 그 나라를 비교해보면 한국이 사람 살기에는 훨씬 좋은 나라라는 것을 늘 느낀다. 귀족이라는 백작, 자작도 없고, 상원도 없고, 참의원도 없고, 죽을 때까지 이어지는 당원도 없는 나라이다. 모두가 동네 아저씨, 아줌마인 모두가 평등한 나라이다. 오늘날 이렇게 좋은 나라가 이룩된 것은 반만년 동안 이어져 온 홍익인간과 대동정신 때문이 아닌가 한다.

요즘 국회에서 교육이념에 홍익인간을 넣느냐 빼느냐 가지고 혼란이 있었던 것으로 안다. 『삼국유사』가 쓰여졌던 고려시대에는 민주주의라는 말이 없었다. 그 시대에는 민주주의라는 말 대신에 홍익인간이라는 말이 쓰여진게 아닌가 한다.

앞으로 세계는 4차산업, 5차산업시대가 되면서 점점 사람의 가치가 중요한 세상이 될 것이다. 그 사람의 가치가 중요해질수록 고조선 건국이념인 홍익인간의 가치는 세계적으로 보편화될 것이다. 이것은 한국의 가치를 세계화 시킬 수 있는 기회가 될 것이고, 우리의 정신이 문명이 세계의 정신문명의 기본이 될 수 있는 것이다.

그렇다면 홍익인간이라는 말을 삭제할 것이 아니라 교육에서 그 실천방안을 제시하고 미래비젼을 확립하는 것이다.

'홍익인간 재세이화'는 반만년 전 나라를 세울 적에 목표였지만 오늘날 되새겨보아도 참 훌륭한 가치이다. 이제 우리는 이 가치로 세계로 가야 한다.

복기대

현재 인하대학교 대학원 융합고고학전공 교수와 인하대 고조선연구소 연구실장. 저서에 『요서지역의 청동기시대 문화 연구』(백산자료원, 2002), 『고구려의 평양과 그 여운』(주류성, 2017), 『압록과 고려의 북계』(주류성, 2017) 등이 있다. 동북아시아 고고학 및 고대사 연구로 3권의 저서와 다수의 공동연구서, 60여 편의 논문이 있다.

Z세대,
새로운 학습방법, 진정한 실력이 필요해

부제: 지금은 문명 대전환의 시대! '다른 세상'이 온다.
포노 사피엔스 상상력을 터치하라

최재봉 (성균관대 기계공학부 교수)

스마트폰을 마치 신체의 일부처럼 사용하는 인류 시대다. 인류는 삶의 공간을 디지털 플랫폼으로 이동 중이었다. 신문명이 등장하면 세상을 바라보는 시선도, 미래를 준비하는 실력도, 심지어 공부하는 방식도 모두 달라져야 한다. 젊은 청년, 당신은 무엇을 바꿔야 할지 생각해 보자.

인터넷은 댓가 없는 지식의 공유를 기반으로 한다. 어느 누구에게나 모두 공평하다. 그 지식 공유의 문명을 만들고 포노 사피엔스 시대를 이끌고 있는 기업들이 바로 GAFA(Google, Apple, Facebook, Amazon)다. 그리고 스마트폰이 등장하면서 이들을 따라 인류의 일상을 바꾸는 플랫폼 기업들이 대거 등장한다. 중국의 텐센트, 알리바바는 물론 택시를 바꾼 우버, 호텔을 바꾼 에어비앤비, 방송을 바꾼 유튜브와 넷플릭스 등 플랫폼 기업들이 엄청난 성공을 거두며 지구의 생태계를 바꿔버렸다. 이 새로운 기업들을 만든 것은 M세대, 밀레니얼 세대다. 1980년 이후 태생이라는 이들은 어려서부터 인터넷이라는 신문명을 경험하고 살아온 세대다. 우리로 치자면 천리안으로 시작해 싸이월드에서 도토리 좀 쓰며 놀아봤고 스타크

래프트 같은 네트워크 게임도 친구들과 함께 즐겨본 세대다. 그래서 디지털 공간에 대한 감각과 자신의 아이덴티티를 갖고 있는 세대다. 이들이 만드는 디지털 플랫폼은 기존의 대기업들이 만든 것과 감각적으로 다를 수 밖에 없다. 그래서 디지털 플랫폼 경제를 창조하고 만들어가는 IT기업들은 대부분 M세대들에 의해 주도되고 있다. 그만큼 어려서의 경험은 중요하다. 그렇다면 1995년 이후 태어났다는 Z세대는 어떨까? 그들은 어려서부터 스마트폰을 신체의 일부처럼 쓰며 살았다. 그래서 디지털 네이티브라고 부른다. 이들이 바로 우리나라 미래의 희망이다.

어른들은 버릇처럼 요즘 아이들은 유튜브와 SNS, 그리고 스마트폰 때문에 망했다고 한다. 취업하려면 좋은 학벌과 화려한 스펙이 필요하다고 믿는다면 맞는 얘기다. 그런데 기업도, 일자리도 혁명시대에 맞춰 급격하게 변하고 있다. 이 시대가 필요로 하는 인재는 어른들이 폄하하는 디지털 문명을 어려서부터 탐닉한 아이들이다. 최근 가장 핫한 직업이 개발자, 빅데이터 분석가, AI 전문가다. 이들은 오픈소스와 유튜브에 가득한 공유지식을 이용해 학습하고 SNS에 산재한 커뮤니티를 통해 정보를 얻는다.

코로나가 확산되면서 등장한 코로나맵은 대학생 이동훈 군이 만들었다. 그는 메르스 때 개발된 오픈소스를 활용해 이틀 만에 모든 사람들이 편하게 쓸 수 있는 웹 사이트를 개발했다. 20살 홍준서 군은 코로나 라이브를 만들었다. 대학 1년을 마치고 휴학한 이 청년은 매일 받는 재난문자를 아이디어로 실시간 확진자와 발생지역을 알리는 사이트를 만들었다. 이들이 코딩 기술을 익힌 건 새로운 학습환경, 커뮤니티와 지식공유의 세상이다. 시총 2위 암호화폐 이더리움을 창시한 비탈릭 부테린은 15살 때 암호화폐 관련 논문을 쓰기 시작했고 17살 때 그 실력을 인정받아 '비트코인 매거진'의 공동편집장을 지낸다. 그리고 19살 대학교 1학년 때 이더리움을 출시하고 불과 1년 만에 자산가치 4조를 만들어낸다. 부테린은 돌연변이다. 암호화폐의 이론도 불확실하던 시대에 중학생 때부터 스스로 공부하고 학습하며 기존 교육시스템은 접근도 하지 못했던 아이디어를 스스로 창조해낸 인물이다. 그런

데 바로 이것이 달라진 학습의 방식이고 자기 개발의 원동력이다. 이제 에듀케이션(education)의 시대가 아니라 자발적 학습, 러닝(learning)의 시대다. 무엇이든 배우려고 하면 인터넷의 바다에는 충분한 지식이 공유되어 있다. 그 보석들을 캐내어 지식을 편집하고 새로운 아이디어와 콘텐츠를 창조하는 시대다. 빅데이터 분석과 AI에 관한 지식도 자발적 러닝이 실력을 키우는 가장 큰 힘의 원천이다. 디지털 전문가 뿐만이 아니다. 거의 모든 분야가 그렇다. 학벌과 스펙에 사로잡혀서는 이제 아무 것도 이룰 수 없다.

22살의 김소희 대표는 스타일난다를 창업하고 소셜커머스를 통해 6천억 가치의 기업을 키워냈다. 아무도 상상하지 못했던 새로운 사업방식, 소셜커머스의 원조다. 공고를 졸업하고 전문대 디자인학과를 졸업한 김봉진 대표는 배달의민족을 창업해 12조 가치의 기업으로 키워냈다. 게임에 빠져 대학진학을 못했던 유투버 대도서관(본명:나동현)은 인터넷 마케팅 기업에서 새로운 시대의 가능성을 배우고 확인한 뒤 게임방송 유튜버가 되어 연 20억 이상을 버는 고소득자가 되었다. 무신사의 조만호 대표는 고3 때 하라는 공부는 안 하고 프리챌에 동호회 사이트 무신사(무진장 신발사진이 많은 곳)을 만들어 2조 2천억 원 가치의 대한민국 대표 패션 플랫폼으로 키워냈다.

스타트업 뿐만이 아니다. 학벌과 스펙을 고집하던 기존 기업들은 무너지고 있고 새로운 길을 모색하는 대기업들은 생존차원에서 원하는 인재상을 바꾸고 있다. 억대연봉에 꿀직장이라는 KBS의 무보직자가 50%에 육박한다는 것은 더 이상 TV방송 PD가 되겠다는 청년을 뽑을 수 없다는 뜻이다. 아무도 안 보는 방송을 제작할 인력은 지금도 남아돌기 때문이다. 광고기업도 마찬가지다. 2019년 제일기획의 TV광고 매출은 15%가 줄고 모바일광고 매출은 17%가 증가했다. 그렇다면 방송사 PD가 필요할까, 아니면 핫한 메타버스 플랫폼, 제페토 광고기획 경험자가 필요할까. 어느 대학에서도 유튜버 방송의 성공전략이나 메타버스 마케팅의 실전을 가르칠 수 없다. 전문가가 흔치 않은 탓이다. 그러고보니 개발자부터 빅데이터 분석가, AI 전문가, 마케터, 광고기획, 소셜커머스에 라이브방송까지 온통 기존 교육시스템으로는 키우기 어려운 새로운 분야의 전문가만 원하고 있다. 그래서 이들 전문가들의 몸값이 천정부지로 올라가는 중이다.

기존 교육시스템에만 의존해온 청년들에게 더 이상의 일자리는 없다. 좋아하는 일을 찾아내어 지식의 바다를 통해 깊이 파고들고 SNS라는 새로운 커뮤니티를 활용해 지식의 인맥을 만들어 새로운 창조의 세계를 열어야 한다. 다행인 것은 이 모든 기회가 스스로 노력하는 누구에게나 열려있고 그 실력의 평가도 철저하게 공정하다는 것이다. 최근 테슬라의 일론 머스크는 '우리 회사에 입사하는데 대학졸업장이 필요하다고 생각하지 않는다'라고 말해 사람들을 놀라게 했다. 그것도 새로운 소셜네트워크 클럽하우스를 통해 발언한다. 실제로 세계 5대 플랫폼 기업들이 새롭게 만든 고용의 기준은 오직 실력과 인성이다. 웹툰작가와 유튜브 크리에이터가 성공하기 위해서도 오직 실력만이 필요하다. 유명작가의 화실에서 열정페이를 하며 아부할 필요도 없고, 방송국 PD에게 잘 보여야 할 필요도 없다. 플랫폼에서 정당하게 경쟁하고 소비자들의 선택을 받을 수 있는 실력만 키우면 된다.

디지털 문명은 자본과 방송, 정치권력이 지배하는 시대가 아니라 진정으로 소비자가 권력인 시대다. 혈연, 지연, 학연, 학벌과 스펙에 나의 미래를 기댈 필요가 없다. 어느 분야든 소비자가 열광하는 팬덤을 만드는 실력자가 성공하는 시대다. 청년들이여, 새로운 시대에 맞춰 미래를 준비하자. 더 멋지고 공정한 디지털 사회가 당신을 기다리고 있다. 지식의 바다 위로 힘차게 날아보자.

최재붕

현재 성균관대 기계공학부교수, 코로나 사피엔스, 인플루엔셜 『포노 사피엔스』, 『차이나는 클라스 과학·문화·미래 편』공저)등 베스트셀러 저자로 JTBC '차이나는 클라스', '세바시' 등의 TV 프로그램을 통해 '문명을 읽는 공학자'로서 비즈니스 모델 디자인과 기계공학의 융합, 인문학 바탕의 동물행동학과 기계공학의 융합 등 학문 간 경계를 넘나드는 명실공히 국내 최고의 4차 산업혁명 권위자이다. 성균관대 대학원을 졸업하고, 캐나다 워털루대학교(University of Waterloo)에서 기계공학 석사와 박사학위를 마침

미래 100년 변혁의 시대를 대비할 때

안유화 교수 (성균관대 중국대학원)

70여 년 세계평화를 위협하는 美 · 中갈등

우리는 현재 분열의 시대를 살아가고 있다. 2020년 1월 31일 23시(영국 시각)에 예정대로 영국은 EU에서 탈퇴했다. 브렉시트는 유럽대륙의 분열이 시작되었음을 상징하며, 역 세계화의 흐름은 가속화되고 있다. 세계는 민족주의로 인한 분쟁이 고조되고 있고, 북아프리카와 중동의 전쟁은 여전히 간헐적이지만 끊이지 않고 있으며 러시아와 일본은 늘 전쟁을 준비하고 있다. 남중국해, 동해 및 한반도의 분쟁은 계속 세계의 신경을 자극하고 있다. 미국 내 최초 중국 영사관이었던 휴스톤 영사관의 미국정부에 의한 강압철수, 중국과 인도의 충돌, 호주 등 세계 많은 국가의 중국에 대한 코로나 책임론 제기, 홍콩보안법 통과에 따른 반중국전선 형성 등 아시아대륙은 평화로울 수 없는 운명을 겪고 있으며, 세계는 격렬한 충돌 속으로 빠지고 있다. 과거의 신사다운 협상과 외교적 웃음은 상호 욕설과 분노로 대체되었고, 모든 국가는 암묵적으로 군비를 강화하고 있으며 분쟁과 전쟁의 위협은 지난 70여 년의 평화를 깨고 있다.

놀랍게도 이러한 시대적 혼란의 배경은 바로 경제이다. 지금 세계는 수요 부족에 따른 경제성장 동력 하락과 정부부채 확대에 따른 신용위기를 겪고 있다. 제2차 세계대전 이후 70년 이상 지속된 세계경제 성장은 글로벌화 확대에 따른 각국의 자원분배의 최적배치에 따른 효율성 증가와 세계무역의 지속적인 확대 덕분이었다. 그러나 2008년 서브프라임 모기지 위기 이후 글로벌 무역의 성장률은 주춤하기 시작했다. 세계무역기구(WTO) 통계에 따르면, 서브프라임 모기지 위기는 2009년 세계 무역량의 급락을 초래했고, 2010년에서 2011년 사이에 2년 잠깐 반등한 이후 2012년부터 2018년까지 세계무역의 평균 성장률은 금융위기 이전 20년 동안 연평균 성장률의 절반에 불과했다.

차이나 역류에 물결치는 세계 경제

글로벌 무역 성장률이 정체기에 접어든다는 것은 국가 간 관계가 이제는 윈윈이 아니라 제로섬게임에 들어갔다는 것을 말한다. 이런 의미에서 트럼프의 미국우선주의는 단지 이런 역사적 흐름 하에서의 필연적 산물일 뿐이었다. 트럼프 개인과 무관하다고 할 수 있다. 아무리 영웅이라고 할지라도 한 명의 개인이 역사흐름을 바꿀 수는 없다. 사실, 글로벌 무역 감소는 특정 개인과 아무 관련이 없으며, 세계경제 수급 불균형에 따른 역사적 필연이다. 과거의 경제성장의 모멘텀은 사라진지 오래되었고 새로운 미래는 아직 오직 않았다(Li, Ka-shing 曰). 따라서 지난 1월 20일 취임한 미국 바이든 정부도 트럼프의 자국 우선주의 정책을 이어가고 있으며 중국 신강 위그르족 인권문제 등을 거론하면서 반중국 연대인 민주주의국가들로 이루어진 첨단기술연맹조직을 만들어가고 있다.

게다가 2008년 이전 세계경제의 기관차 역할을 했던 미국이 금융위기를 기점으로 중국에게 그 자리를 내주었지만 사실 중국경제는 2013년 이후 급격히 내리막길을 걷기 시작하였다. 과거 중국은 '세계공장'이면서 '세계시장' 역할을 해왔고 중국의 성장은 미국, 독일 등 선진국뿐만 아니라 한국 등 이머징 국가 및 호주와 같

은 원재료 공급 국가와 OPEC과 같은 석유공급 지역 모두의 성장으로 이어졌다. 그야말로 China Wave(중국제조, 중국자본의 파도)는 세계의 경제의 호황으로 이어졌지만 지금은 차이나 역류(China's Political Economy countercurrent, Headwind)가 시작되었다.

열린 마음으로 준비하는 냉철한 경제 전략

세계무역 침체는 세계 각국 사람들의 생활수준의 하락을 초래하였고, 특정 지역사람들은 생존의 기반까지 흔들리면서 빈부격차가 급속도로 확대되고 민족주의가 자연스럽게 부상하게 된다. 있는 자와 없는 자들의 모순이 극대화되기 시작하고 과거 믿었던 모든 희망들이 공중누각이 되면서 나라마다 시위와 충돌이 끊임없이 발생하고, 정치인들은 대외적 모순과 군사적 충돌을 앞세운 얍삽한 전술에 의해 모순을 전이시키려고 한다.

경제 세계화는 세계경제의 성장을 견인하는 기관차로서의 동력을 이미 잃기 시작하였으며, 지난 몇 년간 국제무역과 국제투자 속도는 급격히 떨어지기 시작하였다. 세계 경제통합은 무역보호나 지역협력으로 방향을 틀기 시작하면서 이머징 국가와 저개발 국가들의 도시화 확대와 중화학공업 중심의 산업화 발전전략은 순조롭게 진행되지 못하고 있다. 또한 미국과 중국의 무역분쟁으로 시작된 패권싸움은 이미 이데올레기 중심의 정치적 대립으로 세계지배구조를 재편하고 있으며, 이를 중심으로 진영 간 분열은 앞으로 더욱 가속화될 것이며 이는 전쟁의 위험을 높여주고 있다.

이러한 큰 세계 흐름 속에서 한국은 미래 100년의 변화를 미리 예측하고 선도적으로 준비하는 자세를 가져야 할 것이다. 편견과 고집으로 사실을 왜곡하는 자세로는 세상의 변화에 알맞은 전략을 짤 수 없을 것이다. 열린 마음으로 개방된 마음으로 세상을 있는 그대로 바라볼 줄 알고 그에 따른 냉정한 마음을 가져야 비소로 냉철한 전략을 구사할 수 있다.

안유화

현 성균관대학교 중국대학원 금융학 교수 중국증권행정연구원 원장으로 방송과 언론, 유튜브를 통하여 세계경제에 대한 거시적인 담론을 전하고 있으며 한국자본시장연구원 국제금융실에서 중국담당 연구위원으로 7년간 근무하였다. 한국예탁결제연구원,외교부와 대통령 직속 지식재산위원회 활용분과 전문위원으로 6년간 활동하였고 법무법인 율촌 중국팀에서 고문을 역임하였으며, 현재 한중 경제와 금융협력을 위해 정부와 국가연구기관 및 기업의 자문역할을 담당하면서 대한민국 내 중국 경제와 금융시장 연구 및 경제개발 정책가로 활동하고 있다.

지구가 우리를 버리기 전에

이지상 (민중가수)

지금까지 지구에서 인간은 얼마나 이기적이었던가요. 대재앙(大災殃), 혹은 재해란 말부터 그렇지 않습니까. 백두산에서 호랑이가 사라진 건 옛날 이야기지만 북극에서 곰이 멸종위기에 처하거나 카리브해의 바다거북이 집단 폐사하거나 매년 1300만 톤의 플라스틱 쓰레기가 바다에 버려진다는 소식에 이 말을 쓰지는 않습니다.

물론 걱정하는 소리들이 아예 없는 건 아니지만 개인의 생활환경과 습관을 바꿀 정도는 아니지요. 그럼 어디에 이 말을 붙일까요. 중국 장강에 홍수가 났다, 아이슬란드나 필리핀의 화산이 폭발했다, 캘리포니아, 호주에서 산불이 번진다 또 어디어디에서는 지진이 났는데 사람이 수십만 명 피해를 입었다, 꼭 사람이 다친 곳에만 이 말을 쓰지요. 그것도 숫자까지 셈해 가면서요. 인간은 마치 숫자를 헤아리기 위해 존재하는 것 마냥 지구상의 모든 것에 번호표를 매기는 습성을 가지고 있습니다. 시간도 분, 초 단위로 물질 입자도 나노(nano)에서 이제는 퀴크(Quark)

로, 모든 자산도 통장의 숫자로 가치를 매깁니다. 심지어는 산업발전의 결과물인 환경오염지수나 미세먼지까지도 숫자로 정리를 합니다. 그래야만 통제가 가능하다고 여기는 걸까요. '지구를 살리자'는 말은 참 좋습니다만 이 말처럼 오만한 경우도 드물지요. 지구의 나이 46억 년, 인류의 나이는 넉넉히 잡아 200만 년. 누가 누구를 살리자는 건지 아무리 경우가 없다고 하더라도 자기보다 2,000배나 넘게 살아온 존재까지 관리해 보겠다는 못된 의지의 표현이라고 해도 지나치지는 않습니다.

인간이 나타나기 전에도 존재했고 인간이 사라진 뒤에도 존재하는 것이 지구라고 치면 지구는 절대 죽지 않지요. 다만 인류가 살지 못할 뿐입니다. '우리는 지구에 온 손님입니다. 그러니 예의를 지키시오'라고했던 훈데르트 바서(Hundert wasser)의 일갈을 떠올리면 지구를 걱정할 일이 아니라 인류의 존폐를 걱정해야 하는 것 아닌가요. '지구가 죽어가요' 같은 구호가 아니라 '시한부 인생을 사는 인류'라는 말을 더 많이 써야지요. 지구의 입장에서 인간을 세입자로 들인 건 큰 패착이었습니다. 자연 위에 군림하며 주인 행세를 톡톡히 했던 인간에게 지구는 각종 신호를 통해 수시로 경고를 해왔습니다. 생태계의 최대 포식자가 거북이처럼 느릿한 존재였다면 절대 일어나지 않을 일입니다.

만지지 말고 만나지도 말고 말하지도 말라고 했지요. 2019년 말에 시작해 인간을 팬데믹 상황으로 몰아넣은 바이러스에 대항하는 인류의 방식이었습니다. 나뭇잎을, 빗방울을, 꽃향기를 만지지 말라는 말이 아니었습니다. 바람을, 파도를, 달빛을 만나지 말라는 것이 아니었습니다. 겨울을 이겨내고 홀로 지는 동백에게, 돌틈에 숨어 피는 이끼에게 말 걸지 말라는 것이 아니었습니다. 오직 인간이 만든 인간의 손을 탄 모든 것은 위험하다는 것이었습니다. 사람끼리 만나지 말라는 것이었고 사람이 만든 것도 만지지 말라는, 사람들과는 말도 섞지 말라는 것이었습니다.

사람의 체온을 통해 교감해야 할 모든 것에는 방역 필터가 붙여졌고 악수도 두려워 했습니다. 마스크를 쓰는 일에는 '반드시'란 부사가 붙었고 사람 간의 거리 두기와 이동제한이 뒤따랐습니다. 산업혁명 이후 소위 발전이라는 명목으로 인간이 지구에 행했던 약탈행위를 더이상 지켜볼 수만은 없다는 지구의 방어기제가 작동한 것입니다. 도대체 인류가 어떻게 살았길래 지구는 무시무시한 명령을 내렸던 걸까요. 공장이 멈춰섰고 화석연료의 소비도 줄었으며 전쟁까지도 휴전했습니다. 자발적으로는 도저히 인류가 해내지 못할 일들을 강제한 것이지요. 사람들은 일찍 귀가를 서두르거나 집에서 나오지 않았습니다. 거리의 자동차도 한산하기 그지없었고 불야성을 이루던 번화가도 차분해졌습니다. 사람들은 예전처럼 바쁘지 않아도 괜찮았습니다.

그 해 도시의 하늘을 기억하시는지요. 순백의 목련을 물들이던 황사도 없고 빗줄기가 쏟아져야만 사라지던 미세먼지도 없는 청명 그 자체의 하늘을 감탄했었지요. 사막의 유목민들은 태양에 맞서지 않습니다. 매일 40~50도를 넘나드는 한낮의 태양을 이기려 한다는 것은 곧 부족의 멸족을 의미한다는 것을 잘 알고 있지요. 그들은 하루의 시작을 위해 일몰을 기다렸습니다. 그리고 밤하늘에 가득한 별빛의 가르침을 따라 순례의 길을 나섰습니다. 물은 바위를 넘지 않습니다. 부딪쳐 상처를 입으면 그뿐 바위가 내어주는 길을 따라 무리를 이루며 바다로 향합니다. 2020년 지구를 휩쓴 코로나19 팬데믹 또한 인간의 오만에 대한 자연의 경고였습니다. 자연이 내어주는 길에 순응하면 살 것이고 대항한다면 죽을 것이라는 묵직한 신의 음성으로 나는 들었습니다. 자연에 순응하는 일은 인간의 욕망을 가능한 만큼 제어해야 한다는 것을 의미합니다. 딱히 가난에 대한 기준은 없으나 "자신이 원하는 것을 소비하지 못할 때 가난하다"라고 정의한다면 적당할 듯 합니다. 우리는 모두 소비의 주체이자 객체입니다. 물건을 사기도 하지만 팔기도 해야 한다는 뜻입니다. 소비의 근간이 욕망이라는 것에 토를 달수는 없는 일입니다. 무시무시한 자연

의 경고로 인해 사람들은 가난해졌습니다. 소비와 소비를 위한 거래에 이미 모든 사회 구성원의 생사주도권을 맡겨 놓았고 소비할 수 있는 시간과 여력이 감소했으니 가난해지는 것은 당연한 일이지요. 그러나 우리는 자연에 대한 인류의 질주를 멈추는 사이 지구가 선물한 깨끗한 자연을 맛보았고 느긋하게 한가할 수 있는 자신을 보았습니다. 지구에 온 손님으로써의 예의를 지키는 시스템 구축을 비로소 시작할 수 있게 된 것이라고 생각 합니다. '가장 좋은 세상은 있을 것은 있고 없을 것은 없는 세상'입니다. "누군가의 창고에 쌀이 한 톨이라도 남았을 때 누군가가 굶어 죽는다면 그 마을 사람들은 천국에 들지 못할 것이다-코란 경전 중에서-" 욕망을 줄여서 자연이 허락하는 인류의 삶이 보장된다면 그렇게 하면 됩니다. 그래서 감당하기 어려운 가난이 온다면 코로나 팬데믹을 극복하기 위해 발휘했던 공동체에 대한 책임과 신뢰를 기반으로 겸손을 전제로 한 나눔과 배려의 사회로 방향을 설정하면 됩니다. 당연히 국가나 정부는 그 중심에 서야 합니다. 그것이 버릇없는 세입자로 살았던 인류가 지구로부터 버림받지 않는 유일한 길 입니다.

이지상

경희대 국문과 졸업. 에다가와 조선학교 지원모금 집행위원장 은평 시민 신문 협동조합 이사장/
(사)희망래일 상임이사 등으로 시민사회와 함께 했고 현재는 시노래 운동 나팔꽃 동인. 성공회대
연구교수로 재직 중이며 발표한 음반은 1집 사람이 사는 마을(1998) 2집 내 상한 마음의
무지개(2000)/3집 위로하다 위로받다(2002) 4집 기억과 상상 (2006)/5집 그리움과 연애하다 (2016)
6집 나의 늙은 애인아 (2020)
산문집으로는 이지상 사람을 노래하다 (2010) 러시아 기행, 에세이스파시바 시베리아(2014),
북한기행 예행연습, 여행자를 위한 에세이 北 (2019)

Part 02
슬기로운 술 생활

유병호 (現 유원대학교 와인사이언스학과 교수)

많은 사람이 술을 즐기고 술을 마시며 하루를 마감한다.

이 글을 시작하면서 제일 먼저 들었던 생각이 과연 우리에게 술은 무엇이며, 술을 어떻게 즐기는 것이 좋을까에 대한 생각이었다. 이에 이 글에서 옛날 우리나라의 음주 문화와 현재 문화를 비교해 보고, 어떻게 하면 몸도 마음도 건강하게 술을 마실지에 대해 함께 생각해 보기를 바란다.

술은 우리에게 없어서는 안 될 소중한 산물이며, 모든 사람의 희로애락을 함께한다. 사람들은 무언가 기쁜 일이 있거나 축하할 일이 있으면 술을 마시고, 화가 나는 일이나 힘든 일이 있어도 술을 마신다. 슬픔을 삼키고자 술을 마시며, 즐거운 놀잇거리가 있을 때도 술과 함께한다. 이렇듯 술은 우리의 일상생활에 떼려야 뗄 수 없는 중요한 문화이다.

하지만, 과연 우리는 예의를 지키며 술을 마시고 있는지 한번 생각해 볼 일이다. 혹자는 즐겁기 위해서 또는 힘들고 슬픈 일을 잊기 위해 술을 마시는데, 무슨 얼어 죽을 예의를 차리며 마시냐고 할 수 있지만, 술은 많이 마시는 것보다 예의 있게 마시는 것이 중요하다. 요즘 우리에게는 술이 모든 병을 치료하는 묘약이 되기도 하지만, 때론 독약이 되는 것을 많은 사람이 보았을 것이다.

　우리나라는 전통적으로 술 문화가 매우 고상하며, 세계에서 가장 아름다운 풍속을 갖고 있다. 술 마시는 예절에 대해서 소학(小學)에서는 술을 즐길 때는 가무를 함께 곁들이는 운치 있는 풍류라고 여겼고, 누구나 술을 마시는 범절에 예의를 지켜야만 했다. 옛날 우리나라의 음주 예절은 크게 2가지로 볼 수 있다. 그 하나는 향음주례(鄕飮酒禮)이며, 다음은 군음(群飮)이다. 중국 주(周)나라의 예법을 바탕으로 가다듬어진 여섯 가지 예절 중 음식과 술을 예의 있게 마시는 법이 있었고, 다른 하나인 군음은 함께 모여서 마시고 노래하고 즐기기 위해 술을 마시는 것을 말한다. 우리나라 사람들은 술을 즐길 때 수작(酬酌) 문화를 즐긴다. 술 마시는 사람끼리 술잔을 주고받거나, 술잔을 돌려 마시는 것이고 이는 친족공동체의 유대관계에서 비롯된 음주 방법으로 동질감이 형성된다고 여기며 결속의 매체로 이용해 온 것이다. 하지만, 이 수작 문화에도 기본적인 예절이 있다. 잔을 돌리되, 세 순배 이상 돌리는 것은 술을 못 먹는 사람을 괴롭히는 것으로 천박하게 생각했고, 절대로 성인에게만 술을 권하였다.

　그렇다면, 지금 우리의 술 마시는 모습은 어떨까? 이미 향음주례는 잊혔다고 생각되며, 대부분 군음에 치우쳐 있다. 또한 수작 문화의 본질적인 이유보다는 술을 소비하거나 술에 취하기 위해서 존재하는 음주 문화만 있을 뿐이다. 술 마시기를 좋아하시는 분들은 대부분 함께 술을 즐기는 상대의 주량은 전혀 고려하지 않고 본인의 주량만큼 마시기를 원하며, 적극적으로 술을 권하기도 한다. 이는 함께하는 상대를 전혀 배려하지 않는 매우 좋지 않은 음주 예법이다. 이 외에도 현대 우리나라의 음주 문화의 문제점은 더욱 많다. 미성년자의 음주로 인한 사회적인 문제도 많고, 음주운전 소식이나 취중 강도, 취중 성폭행 범죄 등을 저지른 사람들이 취해서 기억이 나지 않는다며 발뺌을 하고 또 법원은 이를 주취감경(酒臭減輕)이라는 핑계로 벌을 감해주는 등 우리의 모습은 술에 매우 관대한 경향이 있다. 이런 모습들이 결코 좋은 음주 문화라고 여기시는 분들은 없을 것으로 생각한다.

나는 젊은 대학생들에게 술을 가르치는 사람이다. 전 세계 각종 술의 역사, 문화, 술의 종류와 시음하는 방법을 가르치고, 때로는 술 만드는 법도 가르친다. 그리고 술을 올바르게 즐기는 법과, 술과 관계있는 관광이나 축제 등도 가르친다. 하지만 세월이 지날수록 내가 술을 가르친다는 생각보다는 오히려 술이 나를 가르치고 있다는 생각이 많이 든다. 술로 세계의 역사와 언어, 그리고 문화를 공부하고 자신이 만든 술을 자식보다 더 사랑하는 많은 사람들을 만나서 이야기를 나누어보았다. 그러면서 나는 오히려 그들에게 인생에 대해 더 많은 것을 배운다.

우리나라 사람들은 술 대부분을 건배하면서 잔에 있는 술을 한 번에 마시는 것을 좋아한다. 술은 채워야 맛이고 잔은 비워야 맛이라는 말도 서슴없이 하면서 폭음을 하는 경우를 흔히 볼 수 있다. 몇몇 사람들은 스트레스를 풀려고 마시는 술로 인해, 정확히 이야기하면 함께 술을 마시며 자꾸 권하는 사람들로 인해 오히려 더 스트레스를 받는다고 한다. 이런 문화는 오히려 외국 문화인 와인 문화에서 배워오는 것이 어떨까? 와인은 어느 정도 잔이 비워지면 첨잔을 해 주고 잔을 가득 채우지 않는다. 그리고 술을 더 마시기 힘들 때는 정중히 거절하는 문화를 갖고 있다. 이런 좋은 문화를 배워서 술을 좋아하건, 싫어하건, 잘 마시든지 못 마시든지 함께 즐기면서 슬기로운 술 생활을 해 나간다면, 우리의 삶은 조금은 더 평안해지지 않을까?

술에 대한 글 중에서 가장 좋아하는 글이 있다. 사실은 술 전체라기보다는 와인에 관한 이야기이다. 캐나다에 거주하는 와인 작가이자 와인 평론가인 로드 필립스(Rod Phillips)가 쓴 책인 『A Short History of Wine』의 한 대목이다.

"가난한 부랑자도 부유한 권력층도 와인을 마신다. 와인 중에는 몇 푼 안 되는 값싼 것도 있고 웬만한 사람이 아니면 꿈도 꾸지 못할 만큼 고가의 것도 있다. 와인은 신이 내린 선물인 동시에 사탄의 유혹이다. 또한 문화의 상징인가 하면 사회질서를 위협하는 병폐이기도 하다. 건강에 도움이 되기도 하지만, 해로울 때도 있다. 이렇게 와인의 역사는 모순의 역사이다."

술은 과유불급(過猶不及)이다. 과하면 누구에게 큰 피해를 줄 수 있으니, 부디 알맞게 원하는 만큼 마시며, 행복한 삶의 동반자로 함께하는 것은 어떨까? 글을 쓰다 보니 직업은 못 속인다는 생각이 든다. 감히 네가 누구를 가르치냐고 여기지 마시고, 우리의 멋진 술 문화를 함께 만들어가길 원하는 소고(小考)임을 이해해 주시기 바란다.

유병호

유원대 와인사이언스학과 교수
경희대학교 와인소믈리에학 석사 경희대학교 조리외식경영학 박사, (사)한국국제소믈리에협회 수석부회장, 한국와인마케팅연구원 수석연구원, A.S.I Diploma 수석심사위원
(사)한국호텔관광학회 이사, (사)한국호텔리조트학회 이사, 한국국제소믈리에경기대회 문제출제 및 심사위원, 베를린 와인트로피 및 아시아 와인트로피 심사위원으로 와인창업, K-Wine학, 와인관광 및 마케팅, 식음료경영학을 강의하고 있다.

Part.03

10년 후에 펼쳐질
미래를 생각하자

Treasure

來人實友和創

대한민국
중장기 주가 전망

/

김영익 (서강대 경제대학원 교수)

　풍부한 유동성과 저금리를 고려하면 앞으로도 주가가 중장기적으로 오를 가능성이 높다. 실제로 2021년을 시작하면서 코스피가 사상 처음으로 3,000선을 넘어섰다. 그러나 주가가 단기적으로 주요 경제 지표를 과대하고 있다. 그 중 하나가 시가총액을 명목 국내총생산(GDP)로 나눈 값인 이른바 '버핏지수'이다. 2020년 말 코스피 시가총액이 1,981조원으로 GDP(1,913조원 추정)를 사상 처음으로 넘어섰다. 버핏지수가 100%를 넘어서면 주가가 과대평가 되었다고 하는데, 2020년 103%였다. 2000~19년 평균인 66%를 크게 벗어났다.

　또한 일평균 수출금액으로 볼 때도 주가가 과대평가 국면에 진입했다. 2005년 1월에서 2021년 2월까지 월별 통계를 대상으로 분석해보면, 이 두 변수 사이에 상관계수가 0.85로 매우 높다. 주가와 일평균 수출금액이 거의 같은 방향으로 변동해왔다는 의미이다. 2020년 4월 이후 주가가 오르고 일평균 수출금액도 뒤따라 증가하고 있다. 그러나 2021년 2월 기준으로 보면 주가가 일평균 수출 금액을

30% 정도 과대평가 하고 있다.

주가는 장기적으로 명목 국내총생산(GDP)을 약간 초과해서 오른다. 명목 GDP 성장률은 실질 GDP 성장률과 물가(GDP디플레이터) 상승률의 합이다. 주식투자자 입장에서는 주가 수익률이 명목 GDP 성장률 이상으로 높아야 투자를 하게 된다. 실제로 1981~2019년 통계를 보면 명목 GDP 성장률은 분기 평균 10.6%였고, 코스피 상승률은 12.9%였다. 주가 상승률과 명목 GDP 성장률 차이인 2.3%p가 주식 투자에 따른 위험프리미엄이라 할 수 있다. 2000년 이후에는 명목 GDP 성장률과 코스피 상승률이 각각 6.1%와 7.6%로 낮아졌지만, 여전히 주가는 GDP 성장 이상으로 올랐다는 것을 알 수 있다.

우리나라의 잠재 성장률이 2% 안팎으로 떨어지고 있다. 잠재 성장을 결정하는 노동이 감소하고 자본 증가세가 크지 않은데다가 생산성이 일정 수준을 유지할 것이기 때문이다. 물가상승률 1%를 고려하더라도 명목 GDP 성장률은 앞으로 4~5년은 3% 정도일 것이다. 그렇다면 코스피의 연평균 상승률은 4~5%일 가능성이 높다. 매년 코스피가 4.5% 상승한다고 가정하면, 2028년에 4,000선을 넘고 2033년에서는 5,000시대에 접어든다. 주식투자에서 4~5% 수익률이 경제성장률에 비해서 결코 낮지 않다는 것을 예시해주기 위한 통계이다. 여기다가 1%를 밑돌고 있는 은행 금리를 고려하면 주식 기대수익률 4~5%는 결코 낮은 수준이 아니다.

명목 GDP로 적정 주가를 추정해보면 다음과 같다. 2014~19년에는 코스피가 적정 수준보다 낮아 경제력을 과소평가했다. 그러나 2020년 코스피가 31% 상승하면서 단숨에 과대평가 국면으로 접어들었다. 이를 고려하면 앞으로 주가 상승세는 둔화할 가능성이 높다.

기대 수익률을 낮추면서 배당주 위주로 가계 금융자산의 일부를 주식에 투자하는 것은 바람직해 보인다. 은행이자보다 주식 배당 수익률이 더 높을 것이기 때문이다. 이론적으로 '주가=배당금/(1−금리−기업수익 증가율)'이다. 이 식에서 볼 수 있는 것처럼 다른 조건이 일정하다면 배당금이 증가하면 주가가 상승한다.

다음과 같은 이유로 기업의 배당성향이 높아질 수 있다. 배당성향은 기업이 순이익 중에서 주주에게 배당금을 얼마나 주는가의 비율이다. 국민총소득(GNI)에서 개인이 차지하는 비중이 1997년 외환위기 이전에는 71% 정도였으나 2008년 이후에는 61%로 낮아졌다. 반면에 기업 비중은 17%에서 27%로 높아졌다. 가계는 상대적으로 가난해지고 기업은 부자가 된 셈이다. 그래서 우리 정부가 기업 소득 일부를 가계 소득으로 이전시키기 위해서 기업에 임금 상승과 고용 증대뿐만 아니라 배당금 확대를 요구하고 있다. 기업의 최고경영자(CEO)들은 임금 인상을 주저하고 있다. 미국 기업은 이익이 올라가면 임금을 올리고 이익이 줄어들면 임금을 내린다. 근로자들이 자연스럽게 받아들일 만큼 임금의 탄력성이 매우 높다. 그러나 한국의 경우는 그렇지 못하다. CEO 입장에서는 임금을 내릴 수 없기 때문에 미리 많이 올릴 수 없다는 것이다. 여기다가 우리 기업이 2020년 9월 현재 737조 원의 현금성 자산을 보유하고 있는 만큼 투자와 고용을 크게 늘리지 않고 있다. 그래서 기업은 배당금을 올릴 수밖에 없는 상황이다. 실제로 배당성향이 높아지고 있다. 2008~18년 코스피 시장의 배당성향이 연 평균 17%에 그쳤는데, 2019년에는 30%를 넘어서고 있다.

한국은행 자금순환계정을 보면 가계의 금융자산 배분에 대한 통계가 나와 있다. 2020년 9월 기준으로 보면 우리 개인은 4,325조 원의 금융자산을 가지고 있다. 이 가운데 44.7%를 현금 및 예금 형태로 보유하고 31.3%는 보험 및 연금에 맡기고, 주식(투자펀드 포함)에 19.7%, 채권에 3.7%를 배분하고 있다.

우리 경제가 구조적으로 저성장과 저금리 상황에 접어들었고 주식 배당수익률이 은행이자보다 높아진 만큼 개인 금융자산에서 주식 비중은 일정 수준 유지하는 것이 좋다. 그러나 다시 강조하지만 기대수익률을 낮추고 여유자금으로 장기 투자해야 할 것이다.

저금리 의미도 다시 생각해봐야 한다. 금리가 낮기 때문에 돈을 빌려 소비하고 자산을 구입해도 언제든지 갚을 수 있을 것이라는 생각이 근저에 자리 잡고 있다. 하지만 현재 저금리에는 미래의 저성장과 저물가가 내재되어 있다. 현재 2%대 초반에 머물고 있는 한국의 잠재성장률이 머지 많아 1%대에 진입할 가능성이 높다. 경제성장률이 떨어지면 개인소득도 줄어 부채 상환능력이 그만큼 낮아진다. 부채는 차입자의 사정을 봐주지 않는다. 저성장에 따른 가계 소득 증가세 둔화로 원리금 상환 능력이 갈수록 떨어질 가능성이 높다.

김영익

서강대학교 경제대학원 교수. 한국금융연수원 겸임교수이며 ETF 트렌드 2020, 『2020-2022 앞으로 3년, 투자의 미래』 『위험한 미래』 『3년 후 미래』 『경제지표 정독법』 『이기는 기업과 함께 가라』 등 베스트셀러 저자이다. 대신증권과 하나대투증권에서 리서치센터장을 역임했고 하나금융경영연구소 소장을 거쳤다. 5년 연속 주요 언론사 베스트 애널리스트에 선정된 바 있으며 방송에서 자주 볼 수 있다. 신문과 방송 등 각종 미디어를 통해 어렵고 복잡한 경제이론과 시장을 쉽고 명쾌하게 전해준다.

색안경에 대한 태도

김현경 (『BTS 덕분에 시작하는 청소년 심리학 수업』 작가)

나는 『인성도 스펙이다』, 『BTS 덕분에 시작하는 청소년 심리학 수업』 등 청소년 대상 심리학 도서를 쓴 작가이며 '에니어그램' 전문가이다. 에니어그램이란 사람의 성격 유형을 9가지로 나누어 설명하는 도구이다. 이와 같은 성격유형 이론은 최근 크게 유행했던 MBTI를 비롯해 여러 가지가 있는데, 가장 널리 알려진 것으로는 혈액형이나 별자리 등이 있다. 사실 혈액형이나 태어난 날짜에 따라 사람의 성향이 정해진다는 설은 과학적으로 전혀 근거가 없다. 그럼에도 이런 이야기가 계속해서 유행하는 것은 그만큼 많은 이들이 자신과 성향이 다른 타인들을 어떤 식으로든 이해해 보려는 욕구와 필요를 느끼기 때문일 것이다.

심리학에서는 사람의 성격을 환경에 적응하기 위한 도구로 본다. 인간이 살아가는 환경은 다양하고 변화무쌍하므로 이에 대응하기 위하여 성격 또한 다양하게 진화하였다. 인간이라면 모두 공통적인 신체구조를 갖고 있으되 인종이나 개인의 유전적 소인에 따라 기능과 체질에서 각기 다른 특성을 갖는 것과 마찬가지이다. 요컨대 성격이란 '정신적 체질'이라 보면 된다. 그런데 신체와 달리 정신적 체질은 겉으로 드러나 보이지 않으므로 분명히 인식하기 어렵다. 그렇기에 누구나 타인의 자신과 다른 인지·감정·행동 방식을 오해하거나 잘못 판단하기 쉽다. 성격의 구조와 이치에 대해 알게 되면 자신과 타인에 대해 더 정확히 이해함으로써 올바른 관계를 맺고 정신 건강을 지키는 데 도움이 된다. 다양한 성격유형 이론도 이를 돕기 위한 도구이다.

다만 최근 성격유형 이론이 대중적으로 유행하면서 이에 대한 오해나 거부감도 많아졌다. 나름의 전통과 체계를 갖춘 성격유형론도 별자리나 혈액형과 마찬가지로 그저 미신이나 흥밋거리로 여기는 경우가 있다. 성격유형론에 분명한 과학적 근거가 없는 것은 사실이다. 실제로 현대 주류 심리학에서는 성격유형론을 정식으로 다루지 않는다. 다양한 인간의 성격을 특정한 기준으로 분류하는 데 객관적 합의가 있기 어렵기 때문이다. 그럼에도 현재 심리학 전문가들 역시 상담과 코칭 등 실무 영역에서 성격유형론을 많이 활용한다. 이 도구들이 현실적으로 유용하고 편리함이 경험적으로 증명되었기 때문이다.

그럼에도 성격유형론에 대한 전형적인 반론은 '한 사람의 성격을 특정한 유형으로 규정하는 틀에 갇힌다면 스스로의 가능성을 제한하게 되고, 다른 사람에 대해서도 있는 그대로 받아들일 수 없게 할 것'이라는 논리다. 그 자체로는 매우 타당한 염려이다. 실제로 성격유형론을 얄팍하게 배워 타인을 획일적으로 판단하거나 자신의 언행을 정당화하는 데 사용하는 이들이 많다. 가장 경계하고 주의해야 할 부작용이다. 그런데 한 가지 묘한 사실은 나의 경험에 따르면, 이러한 부작용을 강조하는 이들일수록 오히려 자신과 타인에 대해 편협하게 인식하고 판단하는 경향을 가진 경우가 많았다는 점이다. 어째서일까?

일단 그 반론은 분명한 맹점을 지니고 있다.

첫째로 모든 인간이 실제로 그렇게 무한한 가능성을 지닌 존재는 아니라는 사실이다. 물론 가능성을 믿는 것은 좋은 일이지만, 타고난 신체 조건이 모두 다르고 그 안에서 가능성과 함께 한계를 갖듯, 정신적인 면도 마찬가지이다. 그런 한계를 인정하지 않고 '나는 마음먹은 대로, 노력한 대로 어떻게든 될 수 있고, 누구와도 잘 지낼 수 있다(상대방도 노력한다면)'라는 비현실적인 생각을 한다면, 자신과 상대방에 대한 지나친 기대와 의무감으로 서로를 옥죄게 되기 쉽다. 각자의 조건과 한계에 대한 명확한 인식이 오히려 진정한 자유를 가능케 하는 법이다.

둘째로 아무런 편견 없이 남을 바라볼 수 있는 사람 역시 존재할 수 없다는 사실이다. 인간은 누구나 자신의 입장에서 세상을 인식하고 판단하기 마련이다. 이런 본능적 자기중심성을 조금이라도 벗어나 시야를 넓히기 위해서는 많은 공부와 수련이 필요하다. 그러나 아무리 노력한다 해도 한 사람이 세상만사를 모두 공평한 관점에서 인식하기란 불가능하다. 한 사람이 세상을 파악한다는 일은 비유하자면 끝이 보이지도 않을 커다란 어떤 물체를 한 자리에 서서 색안경을 낀 채 바라보고 있는 것과 같다(노력과 상황에 따라 자리를 다소 옮길 수는 있겠지만 멀리, 자주 옮기기는 쉽지 않을 것이다). 이때 전체의 모습을 조금이라도 실제와 가깝게 파악하기 위해서는 자기 자리에서 최선의 노력을 다해 세상을 관찰하고, 다른 이들과 그 정보를 나누는 수밖에 없다.

이때 가장 중요한 우선 과제는 나의 위치와 상태를 파악하는 것이다. 그래야 다른 이들의 정보를 종합하여 전체 그림을 보다 정확하게 그릴 수 있을 터. 나에 대해 파악할 수 있는 중요한 정보 중 하나가 타고난 정신적, 체질 즉 성격이다. 성격 유형론은 그 위치를 몇 가지 범주로 분류하여 그 특성을 정리해 놓은 보고서라 할 수 있다. 따라서 당연히 정밀하게 정확할 수는 없으나, 나의 대략적 위치와 상태, 그리고 내가 직접 경험해 보거나 상상하기 어려운 위치에 있는 이들의 특성에 대해 파악하고 이해하는 데 도움을 준다.

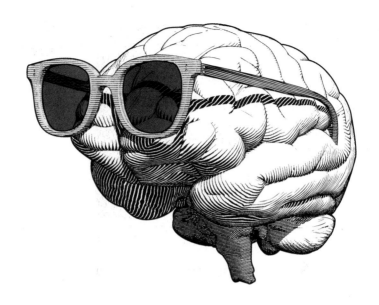

성격유형론이 만사 해결책이라거나 누구나 꼭 공부해야 한다는 말은 아니다. 다만 중요한 것은 태도라는 말이다. 누구나 어쩔 수 없이 자기만의 색안경을 끼고 있기 마련인데, '나는 색안경을 끼고 싶지 않다'고만 하는 것은 자신이 색안경을 끼고 있다는 자각마저 없는 것이다. 그보다는 다른 많은 이들이 오랜 경험을 통해 쌓은 데이터를 통해 나의 색안경은 무슨 색에 가까운지 대략적으로라도 파악하고 나서 그를 바탕으로 타인과 세상을 파악하려는 것이 더 현명한 태도일 것이다.

전 지구에 공통적인 병폐가 만연하고 있다. 자신과 비슷해 보이는 이들과는 끝없는 비교를 통해 상대적 박탈감, 허무감, 우울감에 시달리고, 자신과 달라 보이는 이들에게는 증오와 혐오, 공포심을 발산한다. 이전 시대와 물질적으로는 비교할 수 없이 풍요롭고 안정된 시대이건만 인류의 미래는 더 이상 밝지 않아 보인다. 이런 현상에는 급격한 세계화의 흐름과 그에 따른 빈부격차 심화라는 사회구조적 원인이 있다. 그러나 어쨌든 이런 상황에서도 스스로의 마음 건강을 지키고, 보다 넓고 정확한 안목을 갖추어 문제의 본질을 찾는 것이 개인으로서 할 수 있는 최선일 것이다. 그러기 위해서는 우선 언제나 편향될 수밖에 없는 자신의 한계를 솔직하게 인정하고, 보다 겸손한 태도로 다양한 지식과 관점을 배우기 위해 차근차근 노력하는 수밖에 없다.

철학자 사르트르는 '타인은 지옥'이라는 말을 남겼다. 그만큼 다른 이를 이해한다는 것이 난망한 일이라는 뜻이겠다. 이 명제 앞에 영원히 주저앉지 않기 위해서는 이를 전적으로 받아들여야만 한다. 나 또한 타인의 지옥이라는 사실을 깨달아야 한다는 말이다. 벗을 수 없는 색안경을 쓰고 구석자리에 우두커니 서 있는 나 자신을 인정하게 될 때, 다른 모든 이들도 결국 같은 처지임을 이해하게 되고, 비로소 이 세상을 '있는 그대로' 바라보고 사랑하기 위한 한 걸음을 내딛게 될 것이다.

김현경

저자 김현경은 교사의 꿈을 가지고 서울대학교 역사교육과를 졸업하였으나, 소울메이트였던 아픈 엄마를 돌보고 이별하는 과정을 겪으며 안정된 교사의 길 대신 작가의 길로 들어섰다. 『BTS 덕분에 시작하는 청소년 심리학 수업』, 『그래, 이혼하자』, 『신데렐라를 위하여. 3:가을』, 『신데렐라를 위하여. 4: 겨울 다시 봄』, 『어느 별에서 왔니?』 등 출간하며 마니아 독자층을 형성한 베스트셀러 작가다.

"꿈의 지도를 펼치고 세계로 나아가라"

: K-지도의 원조, '혼일강리역대국도지도'에 담긴 교훈

김이재 (지리학자, 경인교대 교수)

국내에서 가장 오래된 세계지도는 태종 2년인 1402년 제작된 혼일강리역대국도지도(混一疆理歷代國都之圖)입니다. 혼일강리역대국도지도(이하 '강리도')가 전 세계적인 관심을 끌게 된 계기는 1992년 미국에서 열린 콜럼버스 신대륙 발견 500주년을 기념한 지도전시회였습니다. 1994년 간행된 《지도학의 역사(The History of Cartography)》 아시아편 표지모델로 등장할 정도로 국제적 인정을 받은 강리도는 1996년 호암 미술관에서 개최되었던 〈조선 전기 국보전〉을 통해 국내에 첫 선을 보입니다. 조선 초기인 15세기 이후 20세기 말까지 강리도는 국내에서는 잊혀진 보물이었던 셈입니다. 지금 관점에서 보면 부족한 점도 있지만, 당시 서양에서는 기독교적 세계관이 투영된 엉성한 'T-O' 세계지도가 쓰였다는 점을 고려하면 강리도는 '세계 지도사의 기적'으로 불리기에 손색이 없습니다. 실제로 바스코 다가마가 포르투갈 리스본에서 출항해 아프리카 서부 해안과 희망봉을 거쳐 인도에 도착한 해가 1498년이었으니, 조선은 그보다 무려 96년을 앞서 아프리카 해안선을 정확하게 표현한 세계지도를 제작한 겁니다.

강리도는 당시 조선과 직접적인 교류가 거의 없었던 유럽·아프리카 대륙까지 그려낸 세계지도라는 점에서 의미가 큽니다. 대항해 시대가 열리기 전 조선 초기 제작된 강리도는 'K-지도'의 원조라고 할 수 있겠습니다. 100여 개의 유럽 지명, 35개의 아프리카 지명이 표기된 강리도는 조선 초기 통치자들이 품었던 큰 꿈과 개방적 세계관을 상징합니다. 특히 나일강의 발원지를 '달의 산'이라고 표현했는데, 이슬람 제국 이전 프톨레마이우스의 세계지도가 제작된 고대 그리스·로마 시대 지명이라 더 경이롭습니다. 하지만 강리도의 원본은 전해지지 않고 필사본만 존재하는데, 그나마도 모두 일본에 있습니다. 15세기 후반 필사된 류코쿠(龍谷)대학 사본을 비롯해 텐리(天理)대학 도서관, 구마모토(熊本) 혼묘우지(本妙寺) 등에 사본이 보관되어 있는데, 임진왜란 때 일본이 침탈해간 것으로 추정됩니다.

신라, 고려시대를 거쳐 조선시대 초기까지만 해도 지리는 천문과 더불어 국가를 경영하는 기초 지식과 학문으로 중시되었습니다. 천문은 천체의 운행을 관찰하고 예측하여 정확한 달력을 제작해 시간을 정복하게 하고 지리는 국토의 지형·지

세·토지·인구·물산을 파악함으로써 국토 공간을 효율적으로 운영하는 데 기본이 되죠. 조선 왕조를 개창한 태조는 개국 초기 1395년(태조 4)에 국가적 사업으로 천상열차분야지도라는 천문도를 돌에 새겼습니다. 하늘의 성좌(星座)를 정확하게 측정하여 별자리의 도수(度數)를 규명하려는 과학적·실용적 목적과 함께 조선 왕조의 개창이 하늘의 뜻이었다는 것을 강조하기 위해서였습니다. 태조의 아들이자 조선의 3번째 왕이었던 태종은 당대 최고 지도전문가인 이회에게 '팔도도(八道圖)'라는 정확한 국내지도부터 제작하게 합니다. 이후 만들어진 강리도는 최신 국내지도에 중국의 성교광피도, 일본의 지도를 더해 편집한 세계 지도인데요, 원나라 때 이택민이 제작한 성교광피도는 유럽과 아프리카에 대한 지리정보가 풍부한 세계지도였다고 하네요. 몽고족이 세운 원제국은 중국 역사상 가장 넓은 영토를 확보하고 동서 문화 교류를 촉진시켰고, 이 때 선진적인 이슬람 지도가 원에 전파되어 성교광피도가 만들어질 수 있었습니다. 강리도의 아프리카 대륙에 그려진 나일강의 모습과 지명들을 통해 이슬람 지도학의 영향을 엿볼 수 있습니다.

강리도 해설문에서 권근은 "지도와 서적을 보고 지역의 원근을 아는 것은 나라를 다스리는 데 도움이 된다"고 강조하는데요, 세금을 걷거나 국가를 경영하기 위한 실용적인 용도라면 국내지도로도 충분했을 텐데, 태종은 왜 굳이 세계지도까지 만들게 했을까요? 아버지의 뜻을 어기고 피를 흘려 왕이 되었다는 콤플렉스가 심했던 태종은 세계지도 제작을 통해 아버지를 능가하는 업적과 위세를 보이고 싶었던 것 같습니다. 단순히 세계의 형태와 각 국가의 특성을 이해하려는 실용적 차원을 넘어 조선이 유럽·아프리카 대륙에 맞먹는 대단한 문명국이라는 점을 강조하고 자신은 국제적 안목을 가진 지도자라는 점을 부각시키는 데 세계지도만한 것이 없었던 거죠. 강리도에는 아버지에게 자랑스러운 아들, 중국과 맞장 뜨는 당당한 조선의 지도자가 되고 싶었던 태종의 꿈이 담겨 있었던 셈입니다. 하지만 강리도는 오직 왕을 위한 진상품이었기에 조선 사회에 널리 보급되지는 못했습니다. 아무리 훌륭한 지도라도 그 지도를 활용하는 사람이 없으면 지도는 무용지물로 전락하죠.

16세기 이후 경전 해석과 권력에 집착하는 유학자가 득세하면서 강리도는 사라졌습니다. 임진왜란 후에도 정신을 차리지 못한 사대부들이 세계지도를 보지 않고 당파 싸움만 하니 조선은 망조가 듭니다. 반면 포르투갈, 네덜란드, 프랑스, 영국은 정확한 세계지도를 그리며 세계사의 주인공으로 부상했습니다. 일본 역시 메이지 유신을 단행해 세계 지도를 비롯해 서구의 발달된 학문과 기술을 적극적으로 도입하며 급성장했는데요, 19세기 말에는 조선에 첩자를 보내어 거리가 정확한 지도를 몰래 그리기도 했습니다. 당시 조선의 통치자, 지식인들은 과거 시험용 유교 경전만 주로 읽었죠. 상상 속 괴물이 나오는 엉터리 지도인 '천하도'에 빠져있는 '우물 안 개구리들'도 많았습니다. 김정호(1804~1866 추정)는 조선의 탁월한 지도제작자였으나 아쉽게도 그의 활동은 한반도에 한정되어 있었습니다. 만일 김정호를 필두로 조선의 지리학자들이 동해를 건너 태평양까지 나아가 정확한 지도를 제작하고 통치자들이 국제 정세에 밝았다면 조선이 그렇게 무력하게 일본의 식민지로 전락하지 않았을 것 같습니다. 당연히 일본이 지금처럼 독도를 자기네 땅이라고 우기지도 못했을 것 입니다.

청나라 미술교과서인 『개자원 서보』를 보면 '만권의 책을 읽고 가슴에 만감을 품고 만리 길을 간 다음 붓을 들라'는 말이 있습니다. 코로나19 발발 이전 한국은 일본에 이어 여권 파워(passport power)가 세계 2위일 정도로 해외여행하기 좋은 나라였습니다. 세계 약 180개 국가를 비자 없이도 비행기 표만 구하면 갈 수 있었던 건데요, 살짝 아쉬운 측면도 있었습니다. 대부분의 한국인이 아프리카, 중남미, 인도, 중동 등 낯선 지역으로 가서 새로운 세계를 개척하기 보다는 미국, 유럽, 일본 등 익숙한 곳에서 편하게 쉬고 놀다 오는 경우가 많았으니까요. 지도는 주로 관광지도, 맛집 지도만 보고, 해외에 나가도 SNS에 올릴 멋진 사진을 찍는 데만 열중하기도 했구요.

이어령 선생님은 '신년에 달력을 보는 사람은 시대에 뒤떨어진 사람이다. 지도를 펼치는 자가 향후 100년을 이끌어 갈 것'이라고 말씀하셨습니다. 실제로 코로나19가 언제 종식될지 모르는 상황이니 달력이나 다이어리에 해외여행 계획을 세우는 것이 무의미해졌습니다. 또한 아무리 많은 책을 읽고 마음의 면역력을 길러 놓아도 지도를 펼치고 실제 세계로 용감하게 나아가지 않으면 아무 일도 일어나지 않겠죠. 앞으로 '동학 지도운동'을 하는 심정으로 세계지도를 보면서 나의 꿈을 표시해 나가면 어떨까요? 지금 '내가 보는 지도'가 '나의 미래'가 되고 국가의 운명까지도 바꿀 수 있으니까요.

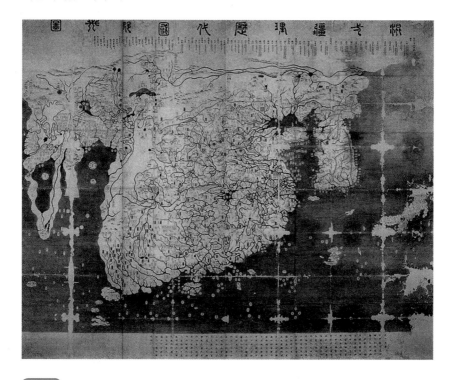

김이재

세계 100여 개국을 답사한 지리학자로 세계지리학연맹 아시아 대표위원을 역임했다.
한국교육과정평가원, 서울대, 싱가포르국립대, 런던대에서 연구했고 현재 경인교대 사회교육과 교수다.

Part 03

포스트 코로나 시대,
변화를 선점하라

김두언 (KB증권 이코노미스트, 한성대 경제학부 교수)

역사상 가장 심한 전염병, 역사상 가장 빨리 극복된 경제위기

코로나19(COVID-19)는 역사상 가장 피해가 크면서도 가장 빨리 극복된 경제위기로 기록될 전망이다. 2019년 8월 중국 우한에서 감기, 설사 등으로 처음 보고된 코로나 바이러스는 2020년 3월 세계보건기구(WHO)의 펜데믹 선언과 두 번(8월, 11월)의 재확산을 거치면서 엔데믹(전염병 고착화)의 우려를 높이고 있다. 현재(2021년 4월) 세계 코로나19 신규 확진자는 1.2억 명, 사망자는 270만 명을 기록 중이다. WHO는 코로나 장기화로 전 세계의 누적 경제 손실이 2년간 12조 달러(2021년 한국 국가예산의 24배)가 될 것으로 추산하고 있다.

코로나 펜데믹 이후, 주요국들은 전대미문의 정책공조를 펼쳤다. 중앙은행은 정책금리를 제로수준으로 내리고 QE(양적완화) 같은 비전통 통화정책을 시행했으며, 정부는 소득 보전, 의료지원, 대출 등을 위한 대규모 재정정책을 실시하고 있다. 1918년 스페인 독감 이래 백신 상용화까지 평균 10.7년이 걸렸지만, 코로나 백신은 코로나19 발병 이후 1년도 채 안된 시기에 접종을 시작했다. 과거 보다 10배

빠른 백신 접종에도 효과가 입증되며 이스라엘, 영국, 미국 등 일부 선진국에서는 2021년 상반기내 집단면역(전체 인구의 70%) 도달도 가능해 졌다.

예상보다 빠른 경제활동 재개로 세계 경제는 회복세가 강화되고 있다. OECD(경제협력개발기구)는 3월 수정경제전망에서 세계경제가 2020년 -3.4% 역성장을 딛고 2021년 5.6% 성장할 것으로 전망했다. 지난해 12월 전망 (4.2%)보다 1.4%p 상향한 것이다. 특히 집단면역 도달이 빠르고 대규모 재정정책을 시행한 미국의 성장률 상향 폭이 크다. 미국의 2021년 경제성장률 전망도 6.5%로 직전 전망 (3.2%)보다 대폭 상향 (3.3%p) 조정됐다.

경제 회복 이면에 나타난 양극화 확대

2021년 세계 경제, 특히 미국은 상반기 중에 코로나 이전 수준의 경제규모로 회귀가 가능해 보인다. 한국도 3%대의 성장과 함께 올해 말에는 코로나 이전의 경제규모로 회복이 예상된다. 다만, 경제회복과 함께 다양한 양극화가 나타났다.

첫째, 실물경제와 금융시장 양극화다. 위기 이후 글로벌 정책공조로 유동성이 증가하자 동학개미, 서학개미 등 개인 주식투자 붐이 일어나며 국내외 금융시장은 빠르게 안정됐다. 반면 소비, 투자 등 실물경제의 회복은 지연되고 있다. 주식시장 시가총액을 명목 GDP로 나눈 버핏지수 (Buffet indicator)가 큰 폭으로 상승했고, 한국은 1995년 이후 처음으로 버핏지수가 1을 넘어섰다.

둘째, 고용시장 회복의 차별화다. 근로계약 기간이 1년 이상인 상용근로자 수는 코로나 위기 직전보다 소폭 증가했지만 임시근로자와 일용근로자는 대폭 감소하고 있다. 통계청 고용동향조사에 따르면, 2021년 1월 상용근로자는 1,462만 명으로 위기 직전 (2020년 2월)에 비해 0.17% 증가했지만, 임시근로자와 일용근로자는 386만 명과 114만 명으로 14.4%와 12% 감소했다. 연령별로도 비정규직 서비스업 종사자가 많은 20대 청년층의 고용률 감소가 가장 컸다.

셋째, 가계소득 격차다. 5분위 소득추이를 보면, 저소득층(1~2분위) 근로소득은 코로나 위기 이후 크게 감소한 반면 고소득층(4~5분위)은 증가했다. 2020년 중 1~2분위 소득은 각각 2.2%, 0.8% 감소했지만, 4~5분위 소득은 각각 2.0%, 1.1% 증가했다. 정부의 긴급재난지원금 영향으로 2분기 경상소득은 1~2분위가 4~5분위보다 더 높게 증가했지만, 3분기 코로나 재확산으로 소득 증가율은 다시 낮아졌다. 저소득층과 고소득층의 소득 격차가 더 확대된 것이다.

넷째, 산업·기업 간 격차도 벌어졌다. 제조업과 서비스업, 대기업과 중소기업의 경기 회복이 다른 모습이다. 대면접촉과 밀접한 스포츠, 여가, 숙박, 운수 등 서비스업 경기는 코로나 이후 10% 이상 생산이 감소했으며, 경기 회복세는 일부 IT 산업과 대기업에 편중되고 있다. 중소기업의 취약한 위기대응 능력을 감안하면 코로나 위기로 격차가 더욱 확대될 소지가 크다.

포스트 코로나 시대, 경제주체들의 행태변화를 미리 예상하고 대응할 필요가 절실하고 경기 회복과 양극화 확대가 동시에 진행되는 상황에서 과거 위기 때 경험하지 못했던 변화가 미국 경제주체들에서 나타나고 있다. 미국이 코로나 경제위기로부터 가장 먼저 벗어난 선진국이라는 점에서 한국 경제주체들의 변화를 가늠할 수 있는 이정표가 될 것이다.

가계와 기업의 안정성과 유연성이 높아지고 있다. 2021년 1월 미국 가계의 저축률은 20.5%를 기록했는데, 이는 1980~2020년까지 40년 동안의 평균 저축률(8.3%)보다 약 3배가량 높다. 가계저축이 증가했다는 것은 가처분소득이 증가했거나, 가계소비가 줄었다는 의미다. 그런데 코로나 위기 이후 저축과 소비가 동시에 증가하고 가처분소득 역시 증가하는 이례적 현상이 나타나고 있다. 가계소득 증가는 정부 이전지출 등의 효과다. 바이든 정부의 1.9조 달러 경기부양책에는 미국 가계에 대한 1,400달러 현금보조가 포함돼 있다. CNBC에 따르면, 정부 보조금을 주식에 투자할 것이라는 응답은 청년층(25~34세)이 50%, 54세 이하 나머지 연령대는 40%에 달한다. 가계가 불안심리로 저축을 늘리면서도 과거와는 다르게 주식투자를 확대하고 있는 것이다. 한국도 재난지원금 같은 정부지원이 가계의 주식

투자 확대로 이어질 수 있다.

　기업도 변화를 시도하고 있다. 2000년 이후 기업들의 생산체계는 효율성과 적시성(just in time)을 중시했지만, 코로나 위기를 겪으면서 자원조달에 차질(공급충격)이 생기자 효율성보다 안정적 조달에 중점을 둔 유연한 체계(Just in case)로 전환을 시도하고 있다. 법인세 10%p 인하라는 리쇼어링 강화책으로 미국 기업의 본국 회귀가 속도를 내고 있고, 기후변화에 대한 인식의 변화로 그린 인프라 투자도 확대되고 있다. 한국 기업들도 한국판 뉴딜 정책과 함께 신재생에너지 확대, 녹색산업 혁신 생태계 구축 등 그린 인프라 산업에 속도를 낼 것이다.

　정부의 재정확대 정책은 당분간 지속될 것이다. 미 재무부는 재정과 준칙이라는 원칙을 떠나 'big act (일단 크게 간다)'를 내세우며 역사상 가장 큰 규모의 재정정책을 실시해 왔다. 이는 결과적으로 코로나 위기로부터 미국 경제 회복을 이끄는 원동력이 되고 있다. 정부의 적극적 재정정책은 한국정부도 마찬가지다. 코로나 위기 대응을 위해 20조 원 상당의 추경을 추진하고 있다. 물론, 기축통화 지위가 없는 소규모 개방경제의 한계를 가진 한국의 대규모 재정정책이 국채시장 수급 불안과 금리 상승 같은 부작용을 초래할 수 있다. 하지만 코로나 위기로 인한 다방면의 양극화 확대는 향후 사회계층 간 갈등으로 확산될 잠재적인 위험을 내포하고 있다. 코로나 위기에서 완전히 벗어날 때까지 정부의 재정확대 정책이 지속될 수밖에 없는 이유다.

김두언

국회예산정책처 (NABO) 거시경제분석팀, 하나금융투자 리서치센터, KB증권 리서치센터 자산배분전략부 이코노미스트로 재직. 한성대학교 경제학과 겸임교수로서 세대 간에 소통을 활발히 하고 있다.

나 자신을 아는 방법
성공도 시스템이다

전형구 (이천문화재단 이사장, 경영학박사)

우리는 지금까지 겪어보지 못했던 상황 속에서 힘든 하루하루를 보내고 있다. 2019년 12월 중국 우한시에서 시작된 코로나19는 우리의 삶을 송두리째 바꾸고 있다. 학생들은 개학을 했지만 등교도 제대로 하지 못하였고, 코로나19의 확산을 막기 위해 식당이나 카페, 노래방, 스포츠 시설 등을 마음 놓고 이용을 할 수도 없었다. 언제까지 이런 상황이 계속될지는 누구도 장담할 수 없다. 이러다 보니 경제적으로도 어려움이 가중되고 있으며, 심리적으로도 불안정한 상태가 지속되고 있다.

경제적인 측면에서는 긴급재난지원금을 통해 지원이 이루어지고 있으나, 심리적인 측면에 대한 지원은 이러다 할 것이 없는 상황이다. 이런 점에서 심리적인 안정을 위하기 위하여 본인 스스로가 방법을 찾는 노력이 필요할 것이다. 세계 여러 나라에서 코로나19 백신을 개발해 접종을 시작하였다. 또한 치료제도 개발되어 승인 절차를 진행 중이라는 뉴스도 들린다. 이러다 보니 코로나19 이후 시대를 어떻게 준비해야 될 것인지에 대한 대비가 필요하다. 그래서 몇 가지 방안을 제시해 보고자 한다.

먼저 자신만의 성공법칙을 만드는 것이다. 누구나 성공하고자 한다. 그러나 다수의 사람들은 실패를 거듭하다가 포기하는 경우가 일반적이다. 왜 그럴까? 성공법칙을 시스템화하지 못했기 때문이다. 다시 말하면 성공도 시스템이라는 말이다. 그럼 어떻게 시스템을 만들 것인가?

가장 중요한 것이 목표가 뚜렷해야 된다는 것이다. 많은 사람들이 목표와 꿈을 혼동하는 경우가 많다. 꿈은 가시적인 것보다는 자신이 희망하는 것을 뜻하는 경우가 많다. 그러다 보니 이루기가 쉽지 않다. 하지만 목표는 눈에 보여야 되는 것이다. 그래서 목표를 이루는 시점이 있어야 한다. 또한 미래지향적이기보다는 현실적이어야 된다. 큰 목표를 세우고 거기에 따른 중간 목표, 세부 목표를 세우는 게 시스템화하는 것이다.

다음은 역시 중요한 게 시간 관리이다. 하루를 25시간처럼 보내보기를 권하고 싶다. 즉 바쁘게 살면서 시간을 효율적으로 활용하자는 것이다. 시간은 누구에게나 공평하게 하루 24시간이 주어진다. 하지만 누구나 24시간을 제대로 활용하지 못해 20시간 혹은 그 이하로 사용하는 경우도 있을 것이다. 반면에 시간을 쪼개고 쪼개면서 24시간 이상의 효과를 보는 사람들도 있다. 어떻게 하면 24시간이 아닌 25시간 이상으로 활용할 수 있을까.

본인은 가장 우선 마법의 새벽 시간을 활용하라고 이야기한다. 기상 시간이 몇 시인지 모르겠지만 본인 스스로 성장을 하겠다고 생각한다면 가능하면 새벽 4시에는 기상을 해야 된다고 생각한다. 대한민국의 다수 리더들의 평균 기상 시간이 3시 59분이라는 조사도 있었다. 새벽 시간은 누구에게도 방해받지 않고 오로지 자신만을 위해 사용할 수 있는 귀한 시간이다. 새벽의 1시간은 오후의 3~4시간의 효과를 얻을 수 있다. 6시나 7시에 기상하는 사람에게 4시에 일어나라는 건 분명히 무리이다. 그래서 본인은 한 달에 10분씩만 기상 시간을 앞당기라고 이야기한다. 1년이면 120분을 앞당길 수 있다는 계산이다. 그러면 4시나 5시에 기상할 수 있으면 오로지 자신만을 위한 시간으로 활용할 수 있게 될 것이다.

시간관리에서 중요한 요소 중 하나가 자투리 시간을 활용하는 것이다. 대중교통을 이용해 출퇴근하거나 통학을 하는 경우 혹은 약속장소로 나가거나 업무를 보러 나갈 때 스마트폰을 이용해 어학 공부를 한다든지 아니면 전자책이라도 읽어보기를 권한다. 또한 가방에 책 한 권을 갖고 다니면서 읽어보기를 권한다. 충분히 자투리 시간을 활용할 수 있을 것이다. 약속장소에 약속 시간보다 조금 일찍 나가서 책을 본다거나 스마트폰을 이용해 정보를 얻는 것도 하나의 방법이 될 것이다. 이런 방법을 활용하다 보면 24시간이 아니라 그 이상의 시간을 활용할 수 있을 것이다.

성공법칙의 중요한 요소 중 하나가 바로 좋은 인간 관계를 맺는 것이다. 과거에는 누구를 어떻게 아느냐에 따라 성공이 좌우되었다고 한다. 그러다 보니 사돈의 팔촌, 학연, 지연 등을 찾게 되었다. 하지만 현대에서는 어떻게 아느냐보다 누구를 아느냐가 더 중요한 시대이다. 브릿지 피플(Bridge people) 또는 키맨(Keyman)이라 불리는 한 사람을 통해 많은 연결고리를 만들 수 있기 때문이다. 그래서 이들과 어떻게 연결되느냐가 성공을 결정하는 요소가 되고 있다.

누구나 성공하기를 간절히 원한다. 원한다고 다 이루어지면 성공하지 못할 사람

이 없을 것이다. 하지만 우리 주변을 돌아보면 성공한 사람보다 성공하지 못한 사람이 더 많이 보인다. 똑같이 하는 거 같은데도 누구는 성공했다고 당당하게 동창회도 나가고 친구들에게 한 턱 쏘기도 한다. 성공하고자 해도 이루지 못하는 데는 시스템이 마련되어 있지 않기 때문이다. 자기만의 성공을 위한 시스템을 마련하고 그것을 이루기 위해 매일매일 실행에 옮겨야만 되는 것이다. 하루아침에 이루어질 수 없는 것이다. 얼마나 제대로 잘 실천하느냐에 따라 성공의 크기가 결정될 것이다.

힘들고 어려운 시대, 한 번도 경험해 보지 못한 시대를 살아가고 있는 현대인들에게 심리적 안정을 찾는 건 대단히 중요하다고 생각된다. 본인의 생각이지만 한 번쯤 따라 해보면 조금이나마 위안과 도움이 될 수 있을 것이다. 다수의 사람들이 코로나19는 앞으로 우리 생활 속에서 함께 가야된다고 이야기하고 있다. 그런 점에서 포스트 코로나 시대를 미리 준비하는 현명함이 필요하다. 코로나19를 지나 새로운 미래 사회에서 당당한 시민의 한 사람으로 모두가 행복해지기를 응원해 본다.

마케팅 창의력(Marketing Creativity)의 시대가 온다

김유나 (서울예술대학교 교수)

인류가 탄생한지도 20만 년이 지났다. 인류의 직계 조상은 '호모 사피엔스 (Home sapiens)'라고 불리는 지혜로운 사람이었는데, 그로부터 16만 년 뒤에 이보다 더 진화한 아주 현명한 사람인 '호모 사피엔스 사피엔스(Home sapiens sapiens)'가 등장하게 되었다. '지혜로운 사람'에서 '아주 현명한 사람'으로 진화하기까지 무려 16만 년이란 억겁의 세월이 걸렸다. 하지만 지금은 세월이 무색할만큼 변화의 속도가 월 단위로 빠르게 나타나고 있다. 요즘 시대를 이야기할 때 한결 같이 나오는 말은 '세상이 너무 빨리 변한다'이다. 하도 빠르게 변하다 보니 이제는 변화가 두렵다 못해 익숙하기까지 하다. 매일 눈을 뜨면 어제보다 진보된 기술 이야기와 이에 대응하는 기업들의 움직임으로 뉴스피드가 가득 차니 말이다.

지금처럼 변화가 체감되는 시대가 또 있을까. 이 시대를 이야기하는 또 다른 이야기는 '세상이 어떻게 바뀔지 모르겠다'이다. 코로나19로 인해 난생 처음 '비대면'이란 상황에 직면해 있는데, 기술의 흐름도 쫓아가기 힘든 시대에 변화를 예측하기란 더더욱 어려운 일이라는 생각이 든다. 예측이 가능하기나 할까만은 지금도 인공지능은 빅데이터를 열심히 배급받아 보다 나은 적중률을 보이기 위해 밤낮없이 학습하며 나날이 성장하고 있다. AI조차 열일하는 변화의 시대, 마케터는 어떻게 지금에 대응해야 할까?

    마케팅의 판이 바뀌고 있다. 이 모든 변화의 원인은 '디지털' 때문이다. 모든 기업들이 디지털 경영을 화두로 삼고 디지털 전환에 힘쓰고 있다. 많은 기업들이 탈바꿈하려고 하는 것은 파이프라인 비즈니스 모델이 아닌 플랫폼 비즈니스 모델로의 트랜스포메이션이다. 지금은 플랫폼 시대라고 할 만큼 모두 플랫폼이 되어야 살아남을 것이라는 위기감 속에 놓여 있다. 디지털이 가져온 달라진 비즈니스 환경에서 마케터는 시장의 판이 어떻게 달라지고 있는지 잘 살펴야 한다. 플랫폼은 기본적으로 기술의 도입을 요구하지만 마케터가 진짜 바라봐야 할 것은 플랫폼의 도입이 '온라인 사이트'를 만드는 일이 아니라 '디지털 시장'을 만드는 일이라는 점이다. 디지털에 만들어진 이 시장은 오프라인 환경에서 우리가 다뤄왔던 시장과는 사뭇 다르다. 디지털 시장은 생활과 상당히 밀접해 있어서 일상생활과 쇼핑생활이 크게 구분되지 않는다. 그렇다면 일상생활과 쇼핑생활이 구분없이 돌아가는 디지털 시장을 마케터는 어떻게 바라봐야 할까? 이는 디지털 생태계의 특성을 알면 금새 파악할 수 있다.

    디지털 생태계는 '연결성', '이동성', '참여감'의 논리로 돌아간다. '연결성'은 디지털이 네트워크 구조를 띤다는 데서 기인한다. 오프라인에서는 기본적으로 연결이 쉽지 않다. 오프라인에서는 서로 다른 두 산업을 연결하기 위해 일단 공장 부지부터 확보해야 하고, 서로 다른 두 조직을 연결하기 위해 부서 이동부터 시켜야 한다. 하지만 디지털 공간에서는 링크 하나로 산업의 연결과 조직이 연결이 물리적으로 쉽게 해결된다. 이러한 특성으로 인해 업종의 경계가 사라지고 마케팅의 핵심 요소인 4P(제품, 가격, 유통, 촉진)가 플랫폼 위에서 통합되는 일이 여기저기서 나타나고 있다. 경계가 사라지는 디지털 세상에서 마케터는 소비자의 '경험'이란 화두를 가지고 업무 범위를 확대하고 시장을 바라보는 관점을 넓혀야 한다.

그렇다면 '이동성'은 어떠한가? 디지털의 파워는 0과 1의 코딩으로 세상의 움직임을 실시간 저장한다는 데서 나온다. 이렇게 쌓이는 빅데이터는 마케터의 자원이자 기업의 자산이 된다. 왜냐하면 빅데이터가 가르키는 것은 소비자가 실시간 움직이는 동선이기 때문이다. 소비자의 동선을 알게 된 마케터는 이제 소비자의 하루를 초단위로 쪼개서 그들이 원하는 시간, 원하는 장소, 원하는 메시지를 가지고 소비자와 소통할 수 있는 시대를 맞이하고 있다. 통상적으로 플랫폼은 고정된 사물이 아니라 살아 움직이는 유기체에 가깝기 때문에, 마케터는 소비자의 움직임에 따라 함께 반응하고 자극을 주며 자사 브랜드의 플랫폼이 지속적으로 활성화될 수 있도록 노력을 아끼지 않아야 한다.

마지막은 '참여감'이다. 최근의 기업 환경에서 소비자의 참여는 빼놓을 수 없을 만큼 중요한 요인이 되었다. 소비자의 댓글이 신제품 출시를 독려하고, 소비자가 재편집한 콘텐츠가 죽었던 기업도 살리는 시대이기 때문이다. 플랫폼 위에 떨어지는 고객 데이터를 활용하여 제품의 생산부터 유통을 거쳐 마케팅을 통한 판매에 이르기까지 마케팅의 전 과정에 얼마나 소비자를 동참시킬 수 있을지가 기업의 성패를 좌우한다. 소비자가 참여하는 디지털 생태계를 만들기 위해서는 '공감'과 '소통'이라는 에너지가 필요하다. 최근 뜨겁게 관심을 받고 있는 라이브 커머스(Live commerce)도 실시간 고객들과 소통하는 '댓글'이 있었기에 가능한 시나리오였다. 디지털 환경이 열리면서 마케팅의 화두가 '생산성'과 '경쟁우위'에서 '공감'과 '소통'으로 이동하고 있다. 제품과 시장을 집요하게 바라보던 마케터의 시각이 점점 고객들을 향해 가는 중이다.

디지털이 연 새로운 세상에서 마케팅은 고객과 함께 할 수 있는 뉴 노멀을 찾아야 한다. 그리고 마케터들은 그 해결책이 첨단 기술에 있는 것이 아니라 소비자의 달라진 삶에서 나온다는 점을 깨달아야 한다. 사람들이 플랫폼이란 디지털 공간에서 어떤 삶의 가치와 라이프스타일로 자신의 삶을 가꿔나가길 원하는지, 이제 마케터가 고민해야 할 화두는 제품 소비와 구매 상의 문제에서 고객의 삶의 문제로 옮겨가야 한다. 개인화 마케팅 역시 개인의 구매이력을 바탕으로 퍼포먼스를 높이기 위해 제품을 소비자의 동선에 밀어넣는 것이 아니라, 개성과 취향을 기반으로 충분히 자신을 느끼고 표현하며 살 수 있도록 라이프스타일을 제안하는 것으로 그 의미를 발전시켜야 한다. 그동안 마케터들은 경쟁자들을 바라보고 시장 우위를 점하는 총성없는 싸움을 계속해 왔다. 하지만 이제 마케터가 해야 할 일은 소비자가 원하는 멋진 라이프스타일을 제안하며 그들이 한판 놀 수 있는 플레이 그라운드를 펼치는 것이다. 마케팅(marketing)이 아니라 컨수밍(consuming)이다. 이제 마케터들은 마켓쉐어(market share)를 확보하기 위한 전쟁을 치룰 것이 아니라 라이프쉐어(life share)를 확보하기 위한 라이프 디자이너로의 감각을 갖추어야 한다. 결국 소비자가 원하는 것은 제품 사용이 아닌 멋진 삶이기 때문이다.

오프라인에서 온라인을 넘어 가상현실까지, 디지털로 인한 세상의 변화는 빠르고 다채로워지고 있다. 그럼에도 불구하고 마케팅의 본질은 예나 지금이나 변함이 없다. 마케팅의 궁극적인 목적은 '고객 창출'이다. 고객을 창출한다는 것은 다시 말해 고객의 마음을 얻는 일이다. 시대의 진화는 계속될 것이다. 그리고 지금보다 더 빠르고 예측할 수 없는 방향으로 이동할 것이다. 온라인과 오프라인, 그리고 가상이 연결되는 새로운 세상에서 소비자들은 어떤 삶을 살고 싶어할까? 기업들은 디지털 기술과 인프라를 활용해서 우리의 고객이 새로운 세상에서 어떤 삶을 살게끔 도와줄 수 있을까? 어떠한가? 당신은 소비자를 위한 멋진 그림을 그릴 준비가 되어 있는가? 마케팅 창의력(Marketing Creativity)의 시대, 디지털 세상에서 마케터의 상상력을 마음껏 펼칠 순간이 눈앞으로 다가오고 있다.

김유나

현재 서울예술대학교 광고창작과 조교수이다. 롯데그룹 계열 광고대행사인 대홍기획에서 빅데이터 마케팅 센터장을 역임했다. 현재는 마케팅과 브랜딩의 디지털 트랜스포메이션 전략에 관심을 가지고 빅데이터 마케팅과 브랜드 플랫폼 구축 전략에 대해 연구 중이다.

Part 03
뉴 노멀 시대,
뉴 노멀의 정치

김선동 (18, 20대 국회의원)

좋은 세상을 만들어보자는 것이 정치의 공적 목적이다. 하지만, 정치라 하면 많은 사람은 필요악을 떠올리는 것 같다. 없는 것이 바람직하지만 어쩔 수 없이 있어야 하는 것이 정치라는 것이고, 정치는 곧 필요악의 대명사가 되고 있는 듯하다. 하긴 정치권력이 때론 최상위 포식자가 되고 마는 현실에서 필요악이라는 오명조차도 다행일지 모른다.

일찍이 경험해 보지 못한 새로운 상황에 뉴 노멀이라는 말이 시대어로 부상하고 있다. 세상은 4차 산업혁명의 시대라는 큰 기대감과 함께 급속한 변화가 수반될 사회상에 대한 조심스런 걱정의 시선까지도 생겨나는 요즈음이다.

이때가 정치를 바꿀 최고의 타이밍이자 기회다. 언제까지 우리 정치가 필요악이어야 하는가?

코로나19로 고생하는 국민에게 우리 정치도 이제 위로가 되고 희망이 되어야 한다. 한발 더 나아가 4차 산업혁명의 시대, 뉴 노멀에 걸맞는 준비를 제대로 해 간다면 우리 정치가 새로운 희망의 대명사가 되지 않을까?

지금껏 그랬다. 여야 할 것 없이 입장만 뒤바뀌었지, 우리 정치는 눈만 뜨고 입만 열면 상대 비난하기가 주된 일이 되어버렸다. 하고 많은 일 중에 어쩌면 그리도 싸울 일만 잘 찾아내는지 열 일 제쳐두고 늘 싸움만 한다는 것이 국민들의 이야기다. 이제 큰 틀을 바꾸자. 국회에 미래위원회를 만들자. 그것도 상설위원회로 하자. 싸움만 하는 국회가 아니라 비전경쟁을 제대로 할 수 있는 통로를 열어가자는 것이다. 핀란드가 그렇다.

여기에서 국민의 삶과 나라의 미래를 제대로 토론하고, 융합과 창조로 새로운 가치를 창출하는 열린 창의 역할을 하도록 하면 얼마나 좋을까? 미래위원회에서 맘껏 정당 간 비전경쟁을 하고 좋은 정치인이 나오는 시대를 열어가자. 소통과 융합으로 미래가치를 창출하는 대한민국을 그려 본다.

(생각 2) 소유에서 공유로 K-Politics의 시대를 열어가자

우리 정치도 4차 산업혁명의 시대, 뉴 노멀의 시대에 새로운 표준이 되는 꿈을 꾸어보자. 마침 코로나 이후 4차 산업혁명의 시대를 대비해야 할 시점이기도 하지 않은가?

한민국이 어느 나라보다 먼저 4차산업의 시대에 대비한 국가사회 시스템 설계를 시작해 볼 것을 제안한다. 이참에 한 번 야심차게 새 시대를 향한 개념설계부터 다시 시도해 보자. K-Pop, K-Drama만 있는 게 아니다. 우리 정당들도 이제 K-Party를 꿈꿔야 한다.

냉정히 보면 우리 정치는 아직도 산업화와 민주화 양대 세력의 각축장에 머물고 있다. 하루빨리 넘어서고 혁신해야 한다. 정치도 소유가 아니라 공유의 시대로 진화해야 한다. 이미 낡았는데 낡은 것을 고집하면 정말 꼰대가 된다. 유전자가위를 높이 든 K-Party의 자기혁신 DNA를 보고 싶다.

정치권이 포스트 코로나, 4차 산업혁명의 시대라는 전환기적 변화에 대비하여 진지하고도 선도적인 대응에 나서는 모습을 보여준다면 그것만으로도 국민들은 정치에서 희망을 볼 것이다.

(생각 3) 정치, 뒤집어 보자

국회는 기계처럼 법을 양산한다. 오늘 이 순간에도 국민은 알지도 못하는 수많은 법이 쏟아져 나온다. 그 많은 법은, 기실은 규제를 양산하고 선의를 앞세워 재정지출을 늘리는 법안들이 상당수다. 이제 반대로 하는 국회의원을 보고 싶다. 법을 없애는 국회의원을 보고 싶다.

갈수록 늘어나는 것이 세금이다. 정부예산과 공무원의 수도 늘어만 간다. 집안이 어려우면 살림을 줄이는데, 국민은 어려워도 나라 살림은 자기증식하듯 늘어만 간다. 무증상 집단감염 증후군 같다. 이러다가 소득의 1/3을 넘어 1/2을 세금으로 내고 살아야 하는 세상이 올지 모른다. 실험 한번 해 봤으면 좋겠다. 세금으로 공공지출을 많이 하는 세상과 그렇지 않은 세상으로 나눠서 국민들이 어떤 세상에 살고자 하는지?

시장경제 체제하에서도 재벌이라 불리는 대규모 기업집단군은 문어발식 확장과 상호출자제한 규제를 받는다. 그런데 자유민주주의 체제 아래 정당은 재벌 식의 문어발식 확장이나 상호출자제한 같은 규제조차 받지 않는다. 권력의 정당성은 선거에서 나온다. 하지만 한 번의 선거로 우리는 얼마만큼의 권력을 그들에게 허용한 걸까를 곱씹게 하는 일들이 벌어진다. 이제 정치가 괴물로 변하는 일은 막아야 한다.

어떤 나라가 강대국, 선진국이고 어떤 나라가 약소국, 후진국일까? 많은 사람들이 군사력이 강한 나라나 경제력이 강한 나라를 꼽아 왔다. 그러나 뉴 노멀의 시대에 우리가 주목할 것은 룰(rule)이라 생각한다. 세상에는 룰을 만드는 나라와 어쩔 수 없이 그 룰을 따라야 하는 나라가 있다. 국경 없는 글로벌 경쟁의 시대다. 여러 분야에서 할 일이 많다. '먼저 새로운 표준을 만드는 일'이 중요한 국가전략이 되어야 한다.

글을 마치며 어느 인터뷰 기사에서 참 인상 깊었던 이야기를 소개하고자 한다. 우리가 준비해야 할 세상은 "웰컴 투 유토피아(Utopia)일까? 웰컴 투 디스토피아(Dystopia)일까?" 모두가 '희망'을 이야기하고 싶을 것이다. 그러나 정작 우리가 준비해야 할 것은 지속 가능한 '생존'일지 모른다!

김선동

서울 도봉구(을)에서 18대, 20대 국회의원으로 여의도연구원장, 당 사무총장, 서울시당위원장, 원내수석부대표를 역임했다. 국민의 힘 소속으로 보기 드물게 서울 강북지역에서 재선을 했고, 제1회 국회를 빛낸 바른 언어상을 수상한 바 있다.

Part.04

성공적인 백신방역

이제는 마음치유

Healing

주4일제 근무시대
'코로나 이후' 모범국가로

조정훈 (21대 국회의원)

코로나19 팬데믹이 오래 지속되고 있다. 1년 6개월이 되어 간다. 초창기에는 마스크 대란이 있었고, 집단 감염의 원인을 제공한 사례들에 국민들이 분노하기도 했었다. 강도(强度)는 시기에 따라 달라졌지만 집합 제한과 거리두기 행정조치가 지속되고 있다. 2021년 5월 현재는 백신이 화두다.

코로나로 우리네 일상도 여러 면에서 달라졌다. 여든을 바라보는 필자의 부모님은 코로나 이전에는 온라인 쇼핑을 한 번도 안 하셨는데, 이제는 핸드폰 앱으로도 쇼핑을 익숙하게 하신다. 다른 사무직 직장들과 마찬가지로 우리 의원실도 정부의 방역 지침에 부응해서 작년 가을부터 절반이 출근하고 절반이 재택 근무하는 것을 지속하고 있다. 그리고 필자가 속한 정당의 많은 회의들이 온라인 미팅 앱을 활용한 회의로 대체되었다.

이렇듯 코로나를 겪으며 오프라인 쇼핑이 온라인으로 대체되었고, 재택 근무·비대면 업무가 늘어났으며, 노동 영역 특히 '노동 시간'에서 전세계적으로 다양한 실험이 이루어지고 있다. 올해 들어 스페인이 주4일제 시범 사업을 추진하고 있고,

아이슬랜드는 공공 부문 교대 근로자의 근로시간을 주32시간으로 전환한다고 한다. 이웃 일본 집권 자민당도 주4일제를 논의하고 있고, 뉴질랜드의 저신다 아던 총리는 작년 코로나가 절정일 때 "주4일제를 강하게 장려하고 싶다"고 했다.

우리나라의 노동자들이 장시간 일하고 있다는 것은 잘 알려져 있다. 임금노동자 노동시간이 2019년 연간 1,967시간으로 OECD 38개국 중 멕시코와 코스타리카에 이어 3위다. 1,386시간인 독일보다 600시간이 많고, 1년에 약 3달을 더 일하는 셈이다. 이런 장시간 노동의 폐해는 다방면에서 드러난다. 고질적인 높은 산업재해율 또한 장기 노동의 산물이고, 우울증과 과로를 견디다 못한 사망과 자살, 가정에서 부모와 자식 간의 대화 단절 등도 장시간 노동이 주요한 원인이 되고 있다. 도시에서 이웃과 소통이 단절되고 지역공동체 일에 무심한 것도 그럴 마음의 여유와 시간이 없기 때문이다.

청년들을 중심으로 '일'에만 얽매이지 않는 삶을 살지 않겠다는 욕구가 확산되고 있다. 그 익숙한 슬로건이 '워라밸' 즉 일과 생활의 균형이다. 잔업 수당을 많이 준다고 해도 6시가 되면 퇴근하는 청년들이 늘어가고 있다. 이런 사회적 흐름을 반영하듯 우리나라 기업들 중에서도 주4일제를 실시하고 있는 기업들이 있다. 교육 기업 〈에듀윌〉은 2년 전부터 주4일제를 시행하고 있다. 그 결과 직원들의 만족도 뿐만 아니라 회사 또한 인재확보 생산성 향상 매출 증대라는 성과를 얻었다고 한다. IT나 서비스업 뿐만 아니라 제조업에서도 주4일제를 시행하는 기업이 있다. 지방 소재 화장품 기업 〈애네스티〉는 일정 기간의 시범 적용을 거쳐 2013년부터 전직원을 대상으로 주4일제를 실행하고 있다.

주4일제는 노동시간 단축으로 인한 개인의 여가시간 확대에만 그치지 않는 여러 효과를 가져온다. 첫째, 주4일제를 실시하고 있는 많은 기업에서 업무의 효율성 증대와 생산성 향상의 결과가 나타나고 있다. 그런 생산성 향상과 병행할 수 있기에 주4일제의 대원칙이 '임금 삭감없는' 주4일제다. 둘째, AI나 로봇 등 인간 노동을 대신하는 4차 산업혁명의 도전에 직면해서 일자리 나눔을 통해서 실업과 불완전

고용을 줄일 수 있다. 셋째, 잔업 특근 등 장시간 남성 노동 위주의 생산 현장을 변화 시키고 여성의 노동 참여를 늘릴 뿐 아니라, 남성들이 육아와 가정생활에 참여하는 기회를 확대할 것이다. 그리고 가정을 넘어 지역 공동체와 정치 영역 등 공동체의 방향에 대해 논의하는 공론장에 참여하는 기회도 늘릴 것이다.

　주4일제는 무엇보다도 개인 개인이 행복해져서 전체 공동체가 행복한 사회를 만들고자 하는 노력이다. 건강하고 삶을 즐길 때 일터에서도 사회 전체적으로도 더욱 높은 성과를 낼 수 있다. 우리는 일하기 위해 사는 것이 아니라 살기 위해서 일한다. 이 당연한 명제가 우리 사회에서는 거꾸로 된 경우가 많았다. 코로나 이후에도 주 7일 하루 12시간 이상 일하는 택배 노동자들의 과로사가 이슈가 되고 있다. 독일에서는 건수에 비례해서 수입을 얻는 플랫폼 노동자도 자신의 건강을 걱정해서 주 40시간 이상 노동하지 않는 것이 사회적 분위기와 문화로 형성되어 있다고 한다. 물론 의료 교육 노후보장 등 독일의 사회보장제도가 우리보다 더 완비되어 있어서다. 우리도 사회보장의 확대 · 기본소득 도입 등을 통해 배달노동자나 일용직들도 장시간 일하지 않아도 되는 정책적 노력을 해 나가야 할 것이다.

우리는 2차 대전 이후 출범한 국가 중에서 산업화와 민주화를 함께 달성한 모범적인 국가로 인정받고 있다. IMF 위기에서 많은 분들이 힘든 시간을 보냈지만 또한 그 위기를 금융의 투명화와 기업의 부채 비율 축소 등 경제 체질을 개선하는 기회로 활용해서 이후 지속적인 성장을 달성했다. 코로나 위기도 우리 사회를 획기적으로 전환하는 기회로 활용했으면 한다. 장시간 노동의 오명을 얻고 있는 우리이기에 오히려 주4일제를 선도적으로 도입하고 안착시키면 다른 나라에서 우리를 배우러 올 것이다. 자동차와 반도체 같은 상품 그리고 K-POP이나 K-드라마의 수출에 그치지 않고 노동에 관한 제도와 문화 같은 사회 시스템도 수출하는 국가를 만들어 갔으면 한다.

포스트 코로나 세계의 모범 대안을 제시하는 대한민국이 되기를 소망한다.

조정훈

현재 '시대전환' 당대표이며 21대 국회의원(비례대표)으로 활동중인 필자는 연세대 경영학과를 졸업하고 하버드대 케네디 행정대학원에서 석사학위를 마쳤다. 3백대 1의 경쟁률을 뚫고 세계은행의 영 프로페셔널(Young Professional)프로그램에 합격한 국제경제개발 전문가 이기도 하다.

Part **04**

가치를 추구하는 청년세대

이태한 (전북대 신문사 편집국장)

　20·30 청년세대의 소비 패턴을 분석한 한 기사가 필자의 눈에 띄었다. '나에게 꼭 필요한 것'을 가장 중요한 가치로 여기며 그 이외의 것은 '사치'로 여긴 기성세대와 달리 청년세대는 자신에게 가치 있는 것에 우선적으로 투자한다는 내용이었다. 청년세대는 남들(특히 기성세대)이 봤을 때 무의미하거나 휘발적인 것이라도 자신이 세운 가치의 기준에 부합한다면 서슴없이 지갑을 연다. 이러한 소비 패턴을 휘소(揮少) 가치라고 한다.

　그렇다면 기성세대는 휘소 가치에 대해 어떻게 생각할까? 아마 이 단어 하나만으로도 충분히 설명할 수 있을 것이다. '카푸어(Car Poor)', 휘소 가치가 만들어낸 대표적인 결과물이다. 이들에겐 "생각 없이 돈을 쓴다"는 조롱과 비판이 꼬리표처럼 따라다녔다. 비판받을 만하다고 생각할 수 있다. 자신의 재정 상황과 여건을 고려하지 않고 값비싼 자동차를 구입해 정작 자신의 생활은 어려워지니 말이다.

　하지만 문제는 딱 여기까지만 생각한다는 것이다. 그 누구도 카푸어에게 카푸어가 된 이유를 묻지 않는다. 그리고 그들이 행복한지도 묻지 않는다. 경제적 여유가 없을 것이라는 이유만으로 '행복하지 않은 사람', '잘못된 선택을 한 사람'으로 치부한다. 오히려 자신이 소중히 여기는 것을 얻었기에 더 만족한 삶을 살고 있을 수도 있는데 말이다. 지금까지 사회는 청년들에게 기성세대가 만든 고정관념을 들이밀며 "이 길이 아니면 실패한 것"이라고 말해왔다.

작금의 시대를 사는 청년들은 고정된 틀에서 벗어나 자신만의 가치를 해석하고 추구한다. 꽉 막힌 정도(正道)는 무의미한 개념이 됐다. 최근 TV 프로그램 '유 퀴즈 온 더 블록'에는 온라인 정육점을 운영하는 김재연 대표가 출연했다. 김 대표는 중학교를 조기 졸업하고 한국과학영재고등학교, 카이스트에 진학했다. 한국에서 추앙받는 전형적인 '성공 길'을 걸어온 것이다. 하지만 김 대표는 어렸을 때 먹었던 돼지고기 맛을 재현해내고 싶었던 마음에 졸업 후 예정돼 있던 미국 유학까지 포기하고 온라인 정육점을 차렸다. 단지 "맛있는 돼지고기를 먹고 싶었고, 먹어보니 잘 팔릴 것 같았다"는 이유로 성공 길에서 이탈한 것이다. 이때 프로그램 진행자인 유재석의 멘트가 압권이다. "아니...! 내 일은 아니지만..." 인생에서 처음 만난 사람이 듣고도 아쉬워한 선택. 아마 이처럼 반응하지 않은 사람은 손에 꼽을 것이다. 필자도 방송을 보며 "어떻게 저걸 포기하지?"라고 생각했다. 청년세대에 속한 필자의 머릿속에도 우리 사회가 제시해온 성공의 기준이 주입되어 있었다.

김 대표는 방송 내내 고기에 대해 말하며 웃음을 잃지 않았다. 그 누가 봐도 행복한 사람의 모습이었다. 김 대표가 만약 사업을 시작하지 않았다면 미국 유학 후 대기업 혹은 연구소에 취직해 전형적인 한국형 엘리트의 삶을 살았을 수 있다. 모두가 바라는 성공적인 삶을 말이다. 하지만 김 대표가 이러한 삶을 살았다면 지금처럼 방송에 나와 행복한 모습을 비출 수 있었을까? 가정이기에 단정 지을 수는 없지만 정육점을 차린 현재의 삶보다는 행복하지 않았을 것이라 감히 예상해본다. 김 대표에게 돼지고기는 타인이 우러러보는 성공 길을 포기할 정도로 중요한 가치이기 때문이다. 김 대표의 이 같은 행보는 성공의 고정관념을 파괴했다는 점에서 높게 평가받을 만하다.

　판소리와 팝 음악을 섞은 '범 내려온다'라는 노래로 유명세를 탄 팝 밴드 '이날치'와 '앰비규어스 댄스컴퍼니'는 '전통'을 재해석했다. 우리는 어려서부터 전통은 '먼 옛날부터 내려온 귀중한 문화유산이자 가치'이기에 지키고 보존해야 한다고 배운다.

　하지만 문화와 전통은 시대에 따라 변화한다. 특정 시대엔 외면당하고, 또 어쩔 땐 각광받는 것이 문화이고 전통이다. 이날치와 앰비규어스 댄스컴퍼니는 고정관념을 버린 채 도전에 나섰다. 그들의 노래엔 기타와 드럼, 베이스가 있었고 무용수들은 선글라스와 아디다스 운동복을 입고 리듬에 맞춰 춤을 춘다. 기존 국악에선 상상할 수도 없는 광경이지만 폭발적인 반응을 이끌어내며 '고리타분하다'는 국악의 이미지를 친숙하게 바꿔놓았다. 우리가 배워온 대로라면 이것은 'B급 문화'이고 '이단'이다. 특히 국악계에 발을 담근 지 최소 10년 이상은 된 30대 청년들에겐 그동안 배워온 것이 아닌 다른 것을 시도한다는 생각 자체만으로도 부담이었을 것이다. 하지만 그 고정관념에서 벗어나 새로운 전통을 탄생시킨 '선구자'가 되었다.

　누군가는 "청년세대 중 극히 일부의 사례만 가지고 말하냐"고 반문할 수 있다. 하지만 글의 서두에서 언급한 휘소 가치에 따른 소비 패턴을 다시 읽어보자. 소비는 인간의 가장 기본적인 욕구다. 가장 기본적인 것을 실현하는 방법부터 다른 세대와 분명한 차이를 보이는 이들이 청년세대다.

　올해 치러진 4·7 재·보궐선거 결과에서도 청년세대의 성향을 확인할 수 있었다. 한국 정치에서 20·30은 항상 진보의 상징과도 같았다. 상황에 따라 판단하기보다는 이념 갈등과 진영 논리에 갇혀있던 한국 정치의 뼈아픈 현실이기도 했다. 하지만 이번엔 달랐다. 서울시장 보궐선거에서 20대 남성 72.5%는 보수 진영의 오세훈을 선택했다. 성차별적 정책 논란과 LH 사태 등으로 인한 불평등 처우에 분노한 20대 남성이 집권 여당에 칼을 뽑은 것이다.

"20대는 역사적 경험치가 부족하다." "20대는 이명박 · 박근혜 정부에서 교육을 제대로 받지 않았다." 더불어민주당 설훈 의원과 박영선 전 장관이 서울시장 선거 철에 내뱉은 말이다. 이처럼 기성세대에 무시 받던 청년들은 자신들이 좇는 이익과 가치에 부합하지 않으면 언제든 결단을 내릴 수 있는 세대임을 증명했다.

이외에도 청년들은 다양한 방법으로 제각기 다른 자신만의 가치를 찾아 나서고 있다. 전기와 수도 없이 사는 삶에 매력을 느껴 숲속으로 들어간 부부, 게임이 좋아 게임 방송을 직업으로 삼은 유튜버, 자신만의 영어 독해법을 공유하는 대학생 등등. 기성세대가 만들어놓은 교육 및 사회적 체계에서 자랐지만, 스스로 삶에 의미를 부여하며 살아간다. 자신의 전공이 아니어도 상관없고, 타인이 꺼리는 길이어도 상관없다. 청년들은 오늘도 어떤 분야에서든 자신에게 이익이 되는 가치를 발견하고 실현하기 위해 살아간다.

이태한

마음방역의 숨은 진주, 전주로 놀러 오세요 !
전북대학교 명소인 건지광장은 고즈넉한 풍광을 자랑 합니다. 특히 햇살좋은 날이면 문회루와 분수대가 오묘한 조화를 이뤄 마음에 안정을 가져다 줍니다. 또한 전북대 근린에 위치한 덕진공원에는 한 폭의 수묵화를 연상케 하는 연꽃풍경이 펼쳐져 있어 사잇길 산책로를 거닐다 보면 상처받은 영혼이 자연치유 됩니다.

Part 04
자, 척도를 갖는다는 것

함돈균 (문학평론가, 사회디자인학교 미지행 총괄디렉터)

'척 보면 안다'는 말이 있다. 여기서 '척'은 도량형의 단위로서 본래 '자(尺)'라는 말의 한자를 일컫는 것이다. 낚시꾼들이 큰 고기를 낚았을 때 '월척'했다는 말을 쓰는데, '한 자 넘는' 고기를 잡았다는 뜻이다. '자'를 뜻하는 '척(尺)'은 상형문자다. 손바닥을 펴서 무언가를 재고 있는 엄지손가락과 가운뎃손가락을 표현한 '그림'이다. 무언가를 재는 기준으로 쓰는 도구를 '자'라고 부르는 데에는 '자'처럼 각종 도량형의 측정이 원래는 '한 뼘'같은 신체 비례를 기준으로 시작되었기 때문이리라.

오늘날에는 과학기술이 고도로 발달하여 눈에 보이지 않는 소립자의 세계를 재는 아주 작은 자나, 상상하기 어려운 광대무변의 우주공간을 잴 수 있는 엄청난 규모의 자들까지 나왔다. 이런 자의 발명을 통해 사람 시야 너머에 사람의 시야와 기준이 포괄하지도 못하고 추측하지도 못하는 규모의 존재의 세계가 있음을 새삼 깨닫게 된다.

사물의 길이와 부피와 무게를 재는 '자'는 사람에게 공간 감각의 통일성을 확보하게 하고, 개인 간 물건 교환을 가능하게 하며, 측정을 통한 각종 기술의 발달, 세금의 수취 등 문명의 전진 과정에 있어 전방위적 필수물이다. 자는 기준 없는 세계에 기준을 부여하여 개별적이고 파편적인 세계 감각에 계산·계측에 관한 통일적인 원근감과 보편적인 합의의 기준을 부여한다.

법의 정신을 상징하는 정의의 여신이 한 손에 천칭을 들고 있는 까닭은 무엇인가. 아리스토텔레스의 정의론인 '각자에게 각자의 몫을 준다'는 말은 정의가 '몫'을 정확히 잴 수 있는 정확한 자와도 밀접한 관련이 있다는 함의를 가지고 있다.

그러나 순수한 자연의 물리량을 계측하는 세계와는 달리 사회라는 인간계에서 누구나 합의할 수 있는 보편적 기준, 통일적인 척도를 만드는 일은 생각보다 쉽지 않다. 관점과 가치와 개인들이 처한 사회적 위치와 문화적 차이와 역사적 단계에 따라 기준은 유동적이다. 인류라는 보편성을 이야기하지만, 차이는 보편성을 무색하게 할 정도로 크다. 무엇이 옳은가, 무엇이 그른가, 아름다움과 추함의 기준, 적절함과 부적절함, 정당함과 정당하지 않음의 기준은 각자 다르고 그래서 극히 불안정하다. 법과 도덕적 기율이 사회마다 시대마다 조금씩 다르게 존재하고, 경우에 따라서 그 내용이 매우 상이하기도 하다는 사실이 이를 쉽게 증명하기도 하지만, 실은 사회에 인간 행위에 대한 공준의 척도로서 강력한 터부와 법이 존재한다는 사실 자체가 역설적으로 '자'의 불완전성을 증명한다. 인간의 역동 안에는 정해놓은 '자'를 인정하기 어렵고, 설령 인정한다고 하더라도 그 '자' 자체가 생명을 제어하는 억압기제라는 인식을 통해 그에 저항하는 생명의 움직임이 있다는 사실을 보여주기 때문이다. 분별도 하지 말고, 기준도 만들지 말라는 노자나 장자의 말씀도 결국 인공의 자를 만드는 일 자체가, 또 그 자를 정교화 하면 할수록 인간이 자연의 생기로부터 멀어진다는 얘기를 하는 거다. 그들이 반감을 보였던 문명화는 결국 '자'를 정교화 하는 문명화다.

어떤 사회가 강력한 통일적 척도로서 '하나'의 자를 갖게 될 때, 그 사회는 완전하고 더 효율적인 사회가 될까. 모두가 비슷한 생각을 하고, 명령과 지시와 수행이 일사불란하게 이루어지는 사회가 보다 진화한 세계일까. 최근 일본과 벌어진 역사 전쟁 속에서 한국사회를 움직이는 역동을 보며 어쩌면 우리 사회는 '하나의 상상의 자'를 내부에 가진 사회가 아닐까 하는 생각을 해본다. 사회와 개인, 국민과 시민, 과거와 현재, 개인의 역사적 경험, 개인의 계급적·계층적 위치 차이에서 발생하는 분열과 날카로운 시차를 무화시키고 '통일'시키려는 '민족'이라는 이데올로기적 '자'가 그것이다. '민족'이라는 '자'를 그들 정도로 충분히 인정하지는 않는 이에게, 이 자를 들이대며 그 기준의 생각과 실천에 동일한 방식으로 참여하라고 윽박지르는 현상은 여러 생각을 하게 한다.

'내로남불'이라는 용어는 이율배반에 관한 말로 21세기 한국사회에 무척이나 친숙하게 유통되고 있는 사회적 용어다. '내로남불'은 내가 지닌 '자'가 자기 자신에게도 제대로 적용되지 않는 자기분열 양상을 지시하는 동시에, 내 자를 기준으로 타인을 계측하고 억압하는 양상을 드러내는 증상적 용어다. 어떤 '자'는 내가 그것을 지니고 있다고 해도 안으로만 가지고 드러내지 않는 게 낫다.

사람살이를 하다 보면 '정교한 계산 능력'으로 생활의 '자'를 늘 들고 다니며 그것을 너무도 잘 사용하는 '현명한 생활인'들을 만나고 보게도 된다. 더치페이도 명확하고, 절세의 지혜도 탁월하며, 투재 대비 가성비를 기막히게 잘 재서 물건을 사는 방식을 보면 감탄을 하게 한다. 무심한 일상인들은 잘 모르는 어떤 기회에 응모하여 깜짝상품이나 지원을 받았다고 자랑하는 지인의 모습을 본적도 있다. 사회적 척도에 따라 인생스케줄을 장기적으로 잘 재고 기획하여 현재 시간을 규율하며 달리면서 사는 삶의 풍경은 우리네 일상적 풍경이기도 하다. 이 풍경 속에서 현재라는 시간은 아직 일어나지도 않았고, 어쩌면 앞으로 일어나지도 않을 머릿속 미래 시간표의 일부로 항상 존재한다. 사회에서 소위 '잘산다' '성공했다'고 평가받는 이들 중 상당수는 이 '재는' 능력이 발달했으며, 그런 이들은 출세와 성공의 타이밍과 방법을 기막히게 잘 잰다.

시인 김수영은 "무엇이든지/재볼 수 있는 마음은/아무것도 재지 못할 마음"이라며, "삶에 지친 자여/자를 보라/너의 무게를 알 것이다"(「자(針尺)」)는 시를 쓴 적이 있다.

사람살이에는 잴 수 없는 것, 맹목의 진심만이 도달할 수 있는 세계가 있다. 사람과 사람이 깊이 닿는 마음의 세계에서, 무언가 신비한 존재 사건이 발생하고 유지되는 일은 물리적 생활세계 속 생활인의 감각이 들고 재는 '자' '너머'에서 일어난다. 머리가 재기 전에 마음과 마음이 서로 먼저 가닿아 대화하고 움직이는 진심의 세계가 있다. 거기서는 '자'가 무용지물이다. 마음의 주체가 일상의 자를 쓰지 않아서이기도 하지만, 잴 수 있는 내 마음의 상태·운동을 실은 나도 모르고 있기 때문이기도 하다.

물론 마음의 사건에도 헤아림이 아예 작동하지 않는다고 말할 수는 없을 것이다. 그러나 그런 신비한 마음의 율동에서는 생활인의 척도와는 전혀 다른 방식의 헤아림이 작용한다.

고구려 시대의 압록강은 어디?

남의현 (강원대 사학과 교수)

들어가며

우리의 기억 속에는 잊혀지지 않는 하나의 강이 있다. 그것은 중국과 북한의 국경이 되고 있는 오늘날의 鴨綠江이다. 그러나 수당시대 등 14세기 이전 역사 속에 등장했던 鴨綠江(압록강)은 모두 지금의 압록강일까. 鴨綠水나 鴨淥江이라는 이름은 『隋書』, 『舊唐書』, 『新唐書』, 『資治通鑑』, 『遼史』, 『金史』, 『元史』 등 明나라 건국 이전에 편찬된 수많은 사서에도 등장한다. 이들 사서들에 나오는 鴨綠水, 鴨淥江은 오늘날의 압록강이 아니다. 그렇다면 어디였을까. 본 글에서는 다양한 중국 사료를 통해 14세기 이전의 압록수와 압록강은 만주평원을 가르며 흐르는 만주의 젖줄 遼河(요하)였음을 밝혀 보고자 한다. 이러한 연구는 새롭게 한중 국경사를 개척하고 역사왜곡에 대응하는 중요한 첫걸음이 될 것이다.

중국 사서에 나오는 압록수 · 압록강 기록과 위치

五禮通考 권241과 日知錄 권29, 海師.

唐 太宗 고구려를 정벌하고자 張亮에게 해군을 거느리고 東萊에서 바다를 건너 평양성으로 가게 하였고, 薛萬徹(소만철)로 하여금 甲士三萬을 거느리고 東萊에서 바다를 통해 鴨綠水로 들어가게 하였는데, 이것은 모두 山東에서 바다를 통해 遼東에 이른 길이었다.

五禮通考(오례통고)는 청나라 때 문헌으로 당나라가 공격했던 평양성과 평양성을 치기 위해 건너간 압록수가 모두 요동에 있다고 기록하고 있다. 청나라 때까지 중국의 학자들은 압록수와 평양성이 요동에 있음을 알고 있었다는 이야기다. 그렇다면 수당시대 압록수는 요동의 어디에 있었을까.

『新唐書』 고려조

高麗(고구려)는… 그 왕이 平壤城에 거하는데 또한 長安城이라고 한다…(고구려에는) 馬訾水가 있는데, 靺鞨(말갈)의 白山(장백산)에서 발원한다. 色이 鴨頭와 같아서 마자수를 鴨渌水라고 부른다. 압록수는 …安市에 이르러 바다로 들어간다. 그리고 平壤城은 鴨渌 東南에 있으며, 巨舽(큰 배)로 사람들을 건너 주며 이강은 넓기 때문에 (고구려는) 이 강을 성을 지키는 塹으로 의존한다.

이 기록을 보면 압록수는 말갈의 백산 곧 장백산에서 발원하며 안시성을 지나 바다로 들어간다. 압록강은 강 너비가 넓어 큰 배로 사람들을 건네주며 평양성은 이 압록수 동남에 있음을 알 수 있다. 여기서 백산 곧 장백산은 어디 있을까. 우리는 모두 현재의 백두산을 장백산으로 알고 있으나 14세기 이전의 장백산은 따로 있었다. 청나라 때 제작된 다음의 지도를 살펴보자.

고지도를 분석해 보면 백두산과 장백산은 다르다는 것을 알 수 있다. 또한 백두산에서 흘러나오는 압록강과 장백산에 흘러나는 압록강이 각각 존재함을 알 수 있다. 청나라 때까지 백두산과는 다른 사서 속의 말갈 장백산이 별도로 있었음을 청대 지리학자들이 알고 있었다는 이야기다. 이 지도 외에도 압록수의 발원지와 위치를 기록한 사료들은 많다. 계속 사료를 살펴보자.

혼동강(混同江)

장백산(長白山)

鴨綠混同二源

백두산(白頭山)

평안도(平安道)

압록강(鴨綠江)

함경도(咸鏡道)

『通鑑』 권197.

두우가 말하길, 압록수는 평양성의 서북 450리에 위치하였는데 그 강의 원류는 말 갈의 장백산에서 나온다. 송나라 이심전(李心傳)은 말하길, 압록수의 水源은 거란 동북에 있는 장백산에서 발원하는데, 옛 숙신씨의 지역이었으나 지금은 여진인들 이 살고 있다.

太平宇記 권173

馬訾水는 一名 鴨綠水라고 하는데, 水源은 東北 靺鞨 白山에서 나온다. 水色이 거의 鴨頭같아서 이런 까닭으로 속칭 압록수라고 하였다. …이 압록수는 큰 波瀾 이 일고 경유하는 나루〔津濟〕들이 모두 큰 배들로 가득 차있다. 고려는 이 강을 천해의 요새로 삼았다. 압록수는 凡闊〔평균너비〕이 300보(580미터)로 平壤城 西北 450里, 遼水 東南480리에 있다.

『朱子語類』〈卷第八十六〉

女真은 압록강에서 일어났다. 전하는 바에 따르면, 天下에는 三大水가 있다. 곧

黃河, 长江, 鴨綠이 그것이다.

『朱子語類』〈卷第七十九〉

주자는 말하기를 천하에 오직 세 개의 큰물이 있는데 가장 큰 것으로 양자강, 황하 및 혼동강이다. 혼동강은 발원지를 알 수 없다. 그러나 오랑캐(금나라)의 옛 소굴이 바로 강에 임하여 동남으로 비켜 흘러 바다로 들어간다. 그 하류가 遼海로 되고 遼東과 遼西는 이 강을 가지고 구분한다.

建炎雜記 乙集 卷十九 邊防二

금나라는 契丹의 東北 長白山 아래 鴨綠水 발원지에 있다.

『大同水經』의 기록

풍산 홍만종은 말하기를, 우리나라의 압록은 그 크기가 황하나 장강과 더불어 비교할 수 없으니『유찬』에서 말한 압록은 우리나라의 압록이 아닌 것으로 생각된다고 말하였다.

위의 기록들을 종합해 보면 말갈의 장백산(백산)은 거란의 동북쪽에 있으며, 장백산에서 압록강이 발원하는데 여기에서 여진문명 곧 금나라가 일어났다는 이야기다. 이 압록강은『주자어류』에 나타나듯이 천하 3대강에 포함되어야 한다. 조선시대 홍만종은 의주 앞에 있는 압록강은 14세기 이전 주희가 말한 압록강이 아니라고 의심하고 있음을 알 수 있다. 이미 조선시대가 되면 말갈 장백산과 그 곳에서 흘러나오는 압록수는 기억에서 지워지고 있었고 압록강 지명이 이동하여 현재의 압록강으로 옮겨졌기 때문이다.

고구려 평양성의 위치

위의 압록강 관련 기록에서 알 수 있듯이 평양성은 압록강 곧 요하 동남 450여 리에 위치한다. 사료에서 살펴보았듯이 遼河가 수당시대 압록수, 요금시대 압록강에 해당하므로 요하 동남쪽 450여 리 평양서 위치는 遼東 어딘가가 되어야 논리적으로 설명이 된다. 여러 사서의 기록을 종합해 보면 평양성은 오늘날의 遼陽이다. 우선 명나라 전기에 황제의 명으로 편찬된 『大明一統志』 遼東都指揮使司(약칭 遼東都司)조의 평양성 기록을 살펴보자

『大明一統志』遼東都指揮使司 古蹟 조의 기록

平壤城- 평양성은 鴨淥江 동쪽에 있는데, 일명 왕검성으로 곧 기자의 옛 나라이다. 성 바깥에는 기자의 묘가 있다. 한나라 때는 낙랑군의 치소였으며 晉 義熙 연간 후에 그 왕 高璉(역자: 장수왕)이 처음으로 이 성에 거하였다.

『대명일통지』의 평양성 기록은 명나라 요동도사 관할지역 내의 평양성이므로 조선의 평양이 될 수 없다. 대명일통지가 작성될 당시 명나라 때 요동도사 관할지역은 요양이 치소였고 의주에서 180여 리 떨어진 連山關이 명과 조선의 국경이었기 때문이다. 『대명일통지』의 평양성 기록은 당시 정치적 상황이나 지리지의 편목상 요동에 있어야 한다. 요양이 고구려의 평양성이라는 기록은 조선시대 崔溥의 기록인 『漂海錄』에 잘 나타나 있다. 최부는 명나라 남쪽에 표류하여 구사일생으로 살아나 요양을 거쳐 조선으로 돌아오면서 요양에 머물렀다. 살펴보면 다음과 같다.

『漂海錄』1488년 5월 24일 조의 기록

"이 지방(역자:遼陽)은 원래 고구려의 도읍인데 중국에 빼앗긴 지 천여 년이나 되었고, 우리 고구려의 풍속이 아직도 없어지지 않아서 高麗祠를 세워 근본으로 삼고 공경하게 제사지내기를 게을리 하지 않으니 근본을 잊지 않기 때문입니다."

『漂海錄』1488년 5월 28일 조의 기록

"요동(요양)은 옛날 우리 고구려의 도읍이었는데 당 고종에게 멸망하여 중원에 예속되었습니다. 五代 시대에 발해 대씨의 차지가 되었으나 후에 또 요나라, 금나라, 원나라에 병탄되었습니다.

다시 『원사』의 기록을 살펴보자

『元史』卷59 志11 地理2 遼陽等處行中書省 東寧路.

동녕로(東寧路)- 본래 고구려 평양성으로 또한 장안성이라고도 하였다. 漢이 조

선을 멸하고 樂浪·玄菟郡을 설치하였는데, 이곳이 낙랑지역이다. 晉 의희(義熙) 연간 후반에 그 왕 高璉이 처음으로 평양성에 머물렀다. 당(唐)이 고구려를 정벌할 때 평양을 공략하여 그 나라가 동쪽으로 옮겨 鴨綠水의 동남쪽 1,000여 리 되는 데에 있었는데, 이곳은 옛 평양이 아니다.

『표해록』의 기록은 최부가 직접 요양에 머무르면서 기록한 것으로 그는 정확하게 요양이 고구려의 도읍이었다고 설명하고 있다. 위의 『대명일통지』의 기록과 맞추어 보면 장수왕이 천도한 고구려 평양성일 수밖에 없다. 또한 『원사』의 기록을 보면 요양에 설치된 동녕로에 평양성이 있었고 고구려 유민들이 압록강 동남쪽 천여 리로 옮겨왔는데 그곳은 옛 평양이 아니라고 함으로써 요동과 압록강 천여 리 지점인 한반도에 각각 다른 평양이 있었음을 알 수 있다.

나가며

위에서 살펴본 바와 같이 14세기 이전의 압록수와 평양성은 우리가 지금까지 배웠던 것과는 그 위치가 다르다. 금나라가 발원한 길림지역 어딘가에 장백산과 압록수가 있었음을 알 수 있었다. 그렇다면 오늘날의 백두산, 압록강, 평양이 14세기 이전의 장백산, 압록수, 평양성이라는 주장은 속히 폐기되어야 할 것이다.

아직 우리가 독자적으로 연구한 한중 국경사 관련 학술서적이 없다. 자국과 타국의 국경을 모르고 역사를 연구할 수 없다. 14세기 이전 압록수, 압록강, 평양성의 위치를 올바르게 정립하는 것은 고구려 역사는 물론 한국과 중국의 장구한 역사적인 국경선 문제를 푸는 중요한 열쇠를 가지고 있다. 차후 수많은 학자들의 연구를 통해 수준 높은 결과물들이 나오길 기대해 본다.

참조

남교수의 논문은 古서적의 원본을 정확히 번역하여 논리를 추론하는데 중점을 두고 있다. 이에 국·한문 혼용의 원고에서 한번 해석한 한문은 한자만을 표기했다.

Part 04

'망우리공원'에서
마음의 치유를…

류경기 (중랑구청장)

숲과 산책로가 어우러지고 대한민국 근현대사를 이끌어온 60여 명의 애국지사와 선구자들이 잠들어 계신 역사의 산 교육장.

태조 이성계가 사후 능을 정하고 "이제야 근심을 잊겠다" 해서 '망우(忘憂)'라 불린 이래 1933년부터 1973년까지 40년 동안 수만 기의 묘역이 있던 공동묘지에서 최근 들어 대한민국을 대표하는 소중한 역사문화공원으로 탈바꿈하고 있는 망우리공원.

코로나 바이러스가 불러온 대 pandemic(감염병 세계적 유행) 상황에서 천연두 퇴치에 앞장선 지석영 선생이 잠들어 계신 망우리공원이 새롭게 조명되고 있다.

필자도 코로나 팬데믹의 위기를 기회로 바꾸고 승리할 방법을 역사 안에서 찾아보기 위하여 2021년 신축년(辛丑年) 새해 첫 출발을 중랑구의 소중한 역사문화 공원인 망우리공원에 잠들어 계신 지석영 선생의 묘소를 참배하는 것으로 시작했다. 많은 반대에도 불구하고 우두를 보급해 천연두 퇴치에 앞장선 지석영 선생의 뚝심과 지혜를 이어받아 코로나19를 극복하겠다는 의지를 담기 위함이었다. 우리나라 역사에서 백신이라 하면 제일 먼저 떠오르는 인물이 바로 지석영 선생이기 때문이다. 잘 아시다시피, 지석영 선생은 종두법을 도입하시어 우리나라의 천연두 예방에 지대한 공헌을 하셨다.

천연두는 아이들에게 치사율이 30%를 넘나들었던 무서운 전염병이었다.

또한 선생은 지금의 서울의대의 전신인 관립의학교의 초대 교장을 지내신 분으로 의학 교육에도 큰 업적을 남기신 우리 의학의 선구자이셨다. 망우리에 있는 그의 묘소 입구에는 '우두 보급의 선구자이며 의학 교육자, 한글전용을 제창한 사회, 경제, 문화의 각 영역에 걸쳐 선각자'라는 설명이 바위에 새겨져 있다. 이어지는 설명에서는 '우리 가족에게 먼저 실험해 보아야 안심하고 쓸 수 있지 않겠느냐'라는 글귀가 깊은 감동을 준다.

코로나19의 팬데믹 시기에서 신체적인 방역과 함께 마음의 방역이 절실히 필요한 시기이다. 취임 초기 『그와 나 사이를 걷다』라는 책으로 망우리 공원의 소중함을 일깨운 김영식 작가와 망우리공원을 둘러본 적이 있었다. 당시 그가 이런 말을 한 것이 떠올랐다. "우리가 피트니스센터에 가서 몸의 근육을 단련하고 있지 않습니까? 그런데 우리는 마음의 근육도 단련해야 합니다. 어떤 근심이나 불안 등에도 쉽사리 흔들리지 않는 마음의 근육을 우리는 망우리공원을 자주 찾으며 단련할 수 있습니다. 망우(忘憂)는 근심을 잊는다는 뜻입니다. 여기를 자주 찾아 마음의 근육이 튼튼해지면 근심이 사라지는 것입니다…."

필자는 이에 크게 공감하였다. 이제 망우리공원은 울창한 숲과 운치 있는 산책로에 인문학적 가치까지 더해 새롭게 거듭나고 있다. 망우리공원에는 대한민국 근현대사를 이끌어 온 한용운, 오세창, 문일평, 방정환, 조봉암 등 독립지사와 지석영 선생, 이중섭 화백, 시인 박인환 등 60여 명의 애국지사와 선구자들이 잠들어 계신다. 힐링 공간이자 역사의 산 교육장인 셈이다.

이 분들의 묘를 찾아 비문을 읽으며 그들의 삶을 바라보면서 자신의 마음을 다잡는 계기를 얻을 수 있는 것이다. 더구나 이곳은 과거의 황량한 이미지는 사라지고 지금은 멋진 경관을 바라볼 수 있는 울창한 숲속의 공원이 되었다. 필자는 몇 년 전에 유럽 출장길에 시간을 내서 그곳의 묘지를 찾아가 보았는데, 망우리공원은 25만 평의 너른 공간, 아름다운 자연 속에 펼쳐져 있어, 세계에 자랑할 만한 역사문화공원이 될 수 있다는 확신을 갖게 되었고, 이에 중랑구민들과 함께 소중한 역사문화 공간으로 가꾸어가고 있다. 중랑구는 애국지사 묘소와 아름다운 숲, 최고의 산책로가 어우러진 망우리 공원과 바로 인접해 있는 중랑숲 및 용마테마공원과 연결해 서울을 대표하는 세계적인 메모리얼 파크로 가꿀 계획이다.

작년에는 유관순 열사의 묘역으로 인정되는 이태원묘지 무연분묘 합장비를 예산을 들여 정갈하게 정비를 하였고, 올해 공원 입구에는 카페, 화장실, 주차장 등 편의시설 뿐만 아니라 전망대, 홍보·전시관, 교육실 등을 갖춘 '중랑망우공간'이라는 아름다운 기념관을 완공해 소중한 역사문화교육의 장소로 활용할 예정이다.

역사의 산 교육장이자 치유하는 공간인 망우리공원을 자주 찾아 코로나19로 피폐해진 마음을 치유하고, 자녀들에게는 우리 역사의 소중함을 일깨워주는 역사문화교육 장소로 활용하시기를 추천드린다.

류경기

서울대 정치학과를 졸업하고 행정고시에 합격, 서울시에서 대변인 행정국장 기획조정실장 행정1부시장을 역임했다. 2018년 민선 7기 중랑구청장으로 선출되어 '소통과 협치'로 구민들에게 자존감을 높이는 구청장으로서 명성을 얻고 있다.

Part 04
네트워크의 재구성으로
마음 방역을

홍기빈 (글로벌정치경제연구소장)

코비드19 사태가 발발한 2020년, 철학에 관심이 있는 이들로서는 참으로 당혹스러운 일이 벌어졌다. 지금 가장 명성이 높은 유럽 철학자의 한 사람인 이탈리아의 지오르지오 아감벤이 마스크 착용을 거부하는 입장을 분명히 밝혔을 뿐만 아니라 아예 선언문 같은 것까지 쓰면서 활발하게 목소리를 낸 것이다. 작년 봄 이탈리아에서 코로나 사태로 수많은 이들이 목숨을 잃었던 일이 있었음에도 불구하고, 최고의 지성인이라 할만한 인물이 이렇게 상식에 어긋나는 주장을 하는 일이 어떻게 가능했을까? 아감벤의 논리는 "얼굴은 영혼이 깃드는 장소"이므로, 이를 가리게 되면 진정한 인간 사이의 의사소통이 불가능하며 결국 "정치적 영역"의 구성 자체가 무너진다는 것이었다. 작년 가을 우연히 대담하게 된 다른 유럽 철학자인 슬라보이 지젝은 이에 대해 크게 분개하면서 "얼굴을 가리더라도 사람들이 소통하고 맺어질 수 있는 방법은 얼마든지 있다"고 분통을 터뜨렸던 것이 기억이 난다.

이렇게 생각할 수 있다. "원래 역병이 돌면 민심이 흉흉해지고 멀쩡하던 사람들로 이상한 소리를 하고 다니는 법"이라고. 오랜 지혜이고 틀린 이야기가 아니다. 그래서 지금 "마음 방역"이 중요하다는 이야기를 하는 것이니까. 그런데 여기에서 "힐링"이라든가 "따뜻한 마음 나누기" 등을 넘어서 좀 더 분석적으로 생각해 볼 필요가 있다. 아감벤 같은 굴지의 지식인들조차 왜 다른 많은 이들의 상식에 뻔히 어긋나는 주장을 하게 되었을까? 영국의 역사가 니얼 퍼거슨은 2021년 여름에 출간될 저서 『파멸Doom!』에서 (지금 필자가 번역 중) 생각의 틀을 제시한다. 전염병은 바이러스나 박테리아와 같은 미지의 병원체가 만들어내는 일이기도 하지만, 그만큼이나 각종 사회적 네트워크에 의해 규정되는 사건이라고.

흔히 사람들이 생각하는 바와 달리 우리가 알고 있는 전염병들의 다수는 몇 십만 년 동안 인간을 해친 적이 없는 것들이었다. 그러다가 약 1만 년 남짓 이전에 신석기 혁명이 벌어지고 농업 혁명, 도시 혁명, 지구화 등이 벌어지면서 인간 사회의 네트워크가 질적으로나 양적으로나 파상적으로 팽창하면서 그 전에 무해하던 바이러스와 박테리아가 온 세계를 공포에 떨게 만드는 팬데믹으로 발전하게 되었다는 것이다. 이번 코로나 바이러스도 사스와 메르스 사태 등 인류를 공포에 떨게 만든지가 불과 20년도 채 되지 않은 신출내기임을 기억할 필요가 있다.

고대로부터 사람들은 이 병원체에 대한 과학적 지식은 없었다고 해도, 전염병이라는 것이 사회적 네트워크에 의해 결정되는 사건이라는 점은 잘 알고 있었다. 따라서 전염병이 심해지면 곧바로 가지가지의 사회적 네트워크를 차단하는 방법을 오래 개발해왔고, 이것이 마스크 쓰기나 사회적 거리두기 혹은 격리 및 봉쇄 등의 방법으로 지금도 인류가 사용하고 있다. 여기에서 퍼거슨이 강조하는 바이며 우리가 쉽게 잊는 중요한 사실이 나온다. 바이러스가 위협하는 것은 인간의 신체만이 아니라, 사회의 실질적인 몸뚱아리라고 할 각종 사회적 네트워크라는 사실이다. 그리고 우리의 정신과 마음은 그 사회적 네트워크 안에 불가분으로 묻어들어 있다는 사실이다.

"정신줄"이라는 말을 하지만, 이게 무슨 구름 위의 천상 어딘가로 연결되는 신비한 것이 아니다. 삶의 의미, 살아가는 재미 ("살맛"), 일용할 양식과 정보 – 우리의 마음은 이런 것들을 음식으로 삼아 생명을 유지하는 것이며, 이런 것들을 제공하는 것은 다름아닌 각종 사회적 네트워크이다. 그런데 이런 네트워크들이 코로나로 인해 작동이 원활치 않거나 심지어 끊겨 버린다면, 이러한 마음의 양식들이 제공되는 경로도 끊어진다. "코로나 블루"라고 해서 심한 고립감과 무기력감을 호소하지만, 그러한 소극적 의미에서의 정신 건강만 위협을 받는 것이 아니다. 코로나 사태가 장기화되고 우리의 의식에 자양분을 제공해 주던, 나무의 뿌리나 몸 속의 실핏줄같이 사방으로 뻗어있던 우리의 각종 사회적 네트워크가 기능부전에 빠지게 되면, 우리가 의식하지 못하는 사이에 우리의 마음은 여러 면에서 병들게 된다. 아감벤이 말하고자 했던 바도 그렇게 이해할 수 있을 것이다. 비록 거칠고 일방적인 주장이기는 하지만, 따지고 보면 "얼굴"을 드러내는 "대면 접촉"이 가장 중요한 사회적 네트워크라고 보는 입장이라면 마스크를 쓴다는 것이 결국 사람의 정신으로 들어가는 가장 소중한 자양분을 끊어버리는 일이라고 분노할 수도 있을 터이니까.

하지만 나는 여전히 지젝이 옳다고 생각한다. 오늘날의 인류는 신석기 시대의 부족 사회와 다른 종류의 삶을 살고 있다. 직접 얼굴을 대하지 않아도 정신과 마음의 자양분과 정보를 주고 받을 수 있는 관계를 창출하는 능력을 우리는 지난 5천 년간, 그리고 가깝게는 "초연결성hyperconnectivity"의 디지털 시대에 폭발적으로 익힌 바 있다. 아감벤의 주장을 무시하기만 할 일은 아니다. 그가 경고하는 바는, 우리의 허파와 창자만 걱정할 일이 아니라 우리의 정신과 마음이 시들어가는 것을 더욱 걱정해야 한다는 것이었다. 그렇다면 우리가 해야 할 일은 정신과 마음의 자양분을 풍부하고 다양하게 주고 받을 수 있는 다양한 종류의 사회적 네트워크를 새로 발명하고 구축하는 일이다.

BTS나 블랙핑크처럼 잘 알려진 스타들은 이미 온라인 콘서트와 같은 방식으로

팬들과 교감할 수 있는 방법을 개발한 바 있다. 서걱서걱하기만 하던 대학의 온라인 강의실도 이제는 교수도 학생도 모두 익숙해지고 있어서 약간의 노력과 창의성을 발휘한다면 조금씩이라도 더 많은 교감 – 정서적이든 정신적이든 – 이 이루어지는 방향으로 진화할 수 있을 것이다. "마음 방역"을 위해서 각자 요가와 명상과 손편지 쓰기 등과 같은 일들을 해보는 것도 중요할 것이다. 하지만 지금 이 "마음"이 위기로 들어가는 데에 위와 같은 사연이 있다는 것을 생각해 본다면, 새로운 사회적 네트워크의 형태를 개발하고 확장해 나가기 위한 노력 또한 동시에 이루어져야 한다는 것을 이해할 수 있을 것이다. 그래서 나는 "마음 방역"은 "더 많은 사회적 네트워크 새로 만들어 내기"라고 말하고 싶다.

홍기빈

글로벌정치경제연구소 소장을 거쳐 칼폴라니 사회경제연구소 소장으로 일하고 있다. 지은 책으로는 『코로나사피엔스』(공저), 『살림살이 경제학을 위하여』 등이 있으며, 역서로는 칼폴라니, 『거대한 전환』과 케이트 레이워스 『도넛 경제학』 등이 있다.

유치원에는 서양귀신축제는 있고
삼신할미 축제는 없다

노승대 (전통문화연구가)

시대가 변했으니 문화도 변화고 풍속도 달라졌다. 모든 것이 빨라졌고 문화의 전파력도 쾌속이다. 유치원에서는 할로윈축제로 학부모들까지 덩달아 바쁘고 서양귀신은 우리 아이들에게 친근하게 다가오는데 시대의 변화에 밀려 사라져 버린 우리 문화 고유의 삼신할미는 기억에서 사라져 버린 안타까운 현실이다. 삼신할미에게 아이를 빌고, 삼신할미에게 점지를 받아 이 세상에 태어날 때 볼기를 한 대씩 맞고 엉덩이에 푸른 반점을 갖고 태어났다는 소박한 믿음은 이제 영영 사라져 버렸다. 산업사회의 영향으로 아이없는 부모들이 많아졌지만 삼신할미에게 비는 대신 병원에서 그 대안을 찾으면서 할로윈축제를 즐기는 시대에 살고 있다.

그러나 서양귀신과 다른 우리의 삼신할미에게는 우리 조상들이 섬겨왔던 신앙과 사상과 문화코드가 숨겨져 있다. 또한 지금도 우리의 생활과 문화 속에서 알게 모르게 그러한 전통문화가 전승되어 내려간다. 도대체 삼신할미에게는 무엇이 깃들어져 있는가?

삼신할미와 뿌리 문화 삼신(三神)사상

동아시아에서 고대의 사람들은 우주만물을 구성하는 근본요소를 하늘 [天], 땅 [地], 사람 [人] 세 가지라고 파악했다. 사람은 '만물의' 영장[靈長] 이라 해서 만물의 대표성을 띠고 등장한 것으로 실제로는 천지간에 존재하는 모든 만물을 의미한다. 이를 보통 천, 지, 인 삼재[三才]라고 부른다.

'재(才)'는 재주를 말하기도 하지만 여기에서는 '바탕', '근본'이라는 의미이다. 곧 우주만물을 구성하는 세 가지 바탕, 근본이라는 뜻이다. 그렇지만 이 셋은 개별적으로 존재할 수 있는 것이 아니다. 생명체가 하늘, 땅 없이 존재할 수 없듯이 셋으로 나누기는 하였지만 함께 공존하는 존재다. 한민족의 조상들은 이 세 가지 만물의 근본요소를 매우 중시하였고 사상의 밑바탕으로 삼았다. 이를 흔히 삼재사상이라고 부른다.

이렇게 중요하고 신성한 삼재가 신격을 띠게 되면 바로 우리 민족 고유의 신앙이 나타나게 된다. 하늘을 상징하는 칠성신과 땅을 상징하는 산신이 등장하고 천지간에 살고 있는 모든 생명을 상징하는 신으로는 용신(龍神)이 등장한다. 왜 용신인가?

식물이든 동물이든 모든 생명체는 물이 없으면 살 수 없다. 우리 인체의 70%가 물이라고 하지 않는가?

사실 물은 신비한 물질이다. 땅 속에도 있고 땅 위에도 있고 허공 중에도 있다. 기체로도 되고 고체로도 변한다. 그래도 지구의 물이 어떻게 생겼는지는 아직까지 정확히 모른다.

물의 신비한 속성을 상징하는 것이 바로 용이다. 용은 물속에서도 살고 하늘도 난다. 물을 관장하는 수신(水神)이다 용의 옛 이름은 '미르'인데 이 말 또한 물에서 온 말이다. 미르신앙이 용신앙이 된 것이다.

그러니까 우리의 선조들이 예부터 믿어왔던 대상신은 칠성님, 산신님, 용왕님이다. 이 뿌리 신앙은 불교가 들어오든, 유교가 들어오든 인간의 풍속으로 끈질기게 이어져 내려 있다. 불교에 들어가서는 삼성각으로 살아남았고, 무속에서는 홀대해

본 적이 없다.

그러나 이 세 신은 원래 개별적 존재가 아니다. 하나의 우주를 물질적으로 파악해 셋이 되었지만 본래 한 몸이다. 삼신일체신(三神一體神)이다. 이 삼신일체신을 삼신상제(三神上帝)라고도 불렀다. 이 삼신에게서 모든 만물이 생명을 부여 받고 살기 때문에 이 신격에 여성성을 부여해 삼신할머니라고 부른다. 자손을 낳아 기르는 것이 여성이고 할머니의 따뜻하고 자애로운 자손사랑을 대입시킨 것이다. 물론 삼신할머니가 삼신할미가 되고 자손을 점지하는 능력까지도 가지게 된다.

우리의 선조들은 이러한 삼재사상이나 삼신신앙을 기반으로 생명과 만물을 해석하고 오랜 기간에 걸쳐 전통문화를 형성해 나갔다.

우선 우리가 어머니에게서 생명을 받는 탯줄 속에는 혈관이 세 개 있다. 두 개의 동맥과 한 개의 정맥 로 구성되어 새끼줄처럼 꼬여 있다. 탯줄을 통해 생명을 받듯 수명과 행운도 들어온다고 믿었기 때문에 삼국시대에도 탯줄을 태항아리에 고이 넣어 묻었다.

사람 심장의 박동도 일정한 것 같지만 정확하게는 한 번은 크고 두 번은 작다. 음악으로 치면 3박자다. 그래서 우리의 전통음악은 3박자다. 심장의 박자와 같다. 그에 비해 전통음악에서 중국은 4박자이고 일본은 2박자다.

음악이 3박자이니 춤도 당연히 3박자다. 앞으로 세 번 내디디면 뒤로 세 번 물러선다. 전삼삼후삼삼(前三三,後三三) 이라고 한다. 모든 일이 잘 풀리면 '3박자가 잘 맞는다'라고 한다. 천지인이 서로 잘 어울려 순환하고 있다는 뜻이다. 몸으로 하는 동작이 이러하니 전통 무예인 택견의 품(品)밟기 3박자와 씨름의 삼세판, 서원의 대문이나 왕릉에 새겨진 삼태극은 물론 한글창제의 원리도 하늘(천),땅(지),사람(인)에 바탕을 두고 있다. 사물놀이패가 삼색띠를 매는 것도 여기에 바탕을 둔 것이다. 이는 음양론을 따르고 짝수를 좋아하는 일본, 중국과 구분되는 한민족만의 특징이다.

물질세계에서는 빛도 세 가지 색으로 이루어져 있다. 빛의 삼원색(三原色)은 빨강,

초록, 파랑이다. 삼원색은 만들 수 없는 근원적인 색깔이라는 뜻이니 이 세 가지 빛깔이 조합되어 온갖 빛깔이 나타난다. 또 이 세 가지 빛깔을 합하면 백색광이 된다. 곧 백색에서 삼원색이 나오고 이 삼원색에서 다양한 빛깔이 조합되어 나타난다.

물감의 삼원색도 마찬가지다. 색의 삼원색은 보통 빨강, 파랑, 노랑이라고 이야기하듯이 이 세 색깔을 혼합해 다양한 색깔이 나오고 채색이 이루어진다. 빛이든 색이든 모두 삼원색이 그 바탕이 된다. 그래서 '3'이라는 숫자는 우리 민족에게 신성하고 상서로운 숫자, 길수(吉數)다. 신성한 '3'을 기반으로 하는 문화 속에서는 당연히 홀수 문화가 자리잡게 되고 이를 기수문화(奇數文化)라고 부른다. 우리와 달리 중국은 짝수를 선호하기 때문에 우수문화(偶數文化)라고 한다. 베이징 올림픽 개막식을 2008년 8월 8일 8시에 맞춘 것만 보아도 알 수 있다.

이러한 문화적 배경은 불교에 들어와 3존불과 3층탑으로 나타난다. 불상의 숫자를 늘려도 5존불, 7존불로 늘려가고 줄여도 단독불상을 모신다. 탑도 시대에 따라 5층, 7층 9층으로 늘어나지만 짝수 탑은 모시지 않는다.

집도 세 칸 집을 기본으로 5칸, 7칸으로 늘려간다. 모두 홀수로 전개되는 것이다. '3'은 최고의 길수이기 때문에 조선시대 과거시험 최종합격자는 당연히 33명이다. 그래서 3.1 운동 때의 민족대표도 33명이 되는 것이며 제야의 종도 33번을 치는 것이다.

따라서 홀수가 겹친 날은 다 명절이 된다. 설날(1.1), 삼짇날(3.3), 단오날(5.5), 칠석날(7.7) 중구절(9.9)이 다 그런 날들이다

사상에도 삼색나물과 삼색과일이 기본이 되고 가짓수가 늘어나도 홀수로 늘려간다. 술도 물론 세 잔을 올린다. '3'자를 애호하다 보니 음식도 삼합으로 만든다. 홍어, 묵은 김치, 삶은 돼지고기를 함께 먹는 홍어삼합이 대표적이지만 지금은 차돌삼합, 문어삼합, 전복삼합, 꼬막삼합도 있다.

이처럼 우리 문화에는 '3'자에 대한 사랑이 폭 넓게 깔려 있다. 그 뿌리에는 천지인 삼재사상과 삼신신앙이 자리 잡고 있는 것이고 민간신앙에서 삼신할미로 전해져

내려온 것이다.

잊혀져 가는 용어인 '삼신할미'에게도 이렇듯 우리의 역사와 문화가 오롯이 담겨 있으니 옛말에 담겨진 의미를 더듬어보는 것도 우리 문화를 지켜가는 하나의 길이라 믿어진다.

천지인 삼재사상에서 보더라도 모든 존재는 홀로 존재할 수 없다. 하늘과 땅이 공존하고 너와 내가 공존한다. 함께 살며 상생하지 않으면 지구의 미래도 없다. 함께 사는 삶, 바로 기쁨과 평화의 삶이다.

이제 삼신할미와 뿌리 문화 삼신(三神)사상을 기반으로 서로가 어울리는 상호 존중의 문화가 자리 잡고 전국유치원에 아이들과 삼신할미의 웃음소리가 울려 퍼지는 날을 고대해 본다.

노승대

노승대는 2020년 세종도서에 선정되고 불교출판문화대상을 받은 『사찰에는 도깨비도 살고 삼신할미도 산다』라는 저서를 펴냈다. 사찰 구석구석에 숨어있는 보석 같은 존재들의 이야기를 자세히 소개하는 명저다. 1975년 출가해 광덕스님을 은사로 모셨으며 10여 년 뒤 환속하여 인사동 문화학교 교장을 맡기도 하면서 우리문화를 공유하고 가치를 창출하고자 지금도 길 위에 있다.

Part.05

공존·공영·상생
제대로 알고 똑바로 보자

Harmony

來人寶友和創

Part 05

친일청산 없이는
국민통합 불가능하다

김원웅 (광복회장)

한말, 미국은 조선의 독립에 아무런 관심이 없었고, 오히려 일본의 조선 지배를 지지했다. 또한 조선은 우드로 윌슨 대통령의 '민족자결주의' 대상이 아니었으며, 오히려 일본의 3·1운동 탄압을 지원했다. 심지어 제2차 세계대전 이후에도 미국은 한반도를 괌이나 사이판 같은 군사전략기지로 활용하기 위해 조선의 독립을 승인할 생각이 없었다. 그러면서 우리 교과서에서는 이 같은 내용을 가르치지 않는다.

어쨌든 1945년에 일본이 항복하면서 남한에는 미군이, 북한에는 소련군이 진입했다. 이때 북한에 들어간 소련군 대장 이반 치스차코프는 북한 주민들에게 이런 포고령을 내렸다.

'나는 해방군이다. 조선인들이여 당신들은 자유와 독립을 되찾았다. 조선의 행복은 당신들이 어떻게 하느냐에 달려 있다. 해방된 조선인민 만세'라는 내용이었다. 그런데 같은 시점에 남한에 들어온 맥아더는 달랐다.

'나는 해방군이 아니라 점령군이다. 조선 사람들은 내 말을 들어라. 내 말을 어기면 군법회의에서 처벌하겠다. 그리고 공용어는 영어로 한다'는 포고문을 발표했다.

포고문을 조선말로 쓴 것도 아니었다. 위에는 영어, 밑에는 일본말로 썼다. 출발부터 달랐던 거다. 그리고 맥아더는 조선에 있지도 않았다. 서울에는 부하인 하지를 남겨두고 자기는 동경에 있으면서 일본 고위층에게 '조선을 겉으로는 독립시키고 속으로는 식민지로 써야 하는데 어쩌면 좋나'라고 물었다. 그러니까 일본이 '우리가 잘 다룰 수 있다. 우리가 양성한 친일파가 있는데, 그 사람들은 일본에 잘 보이려고 자기들끼리 경쟁이 치열하다. 일본을 위해서 충성을 다하는데 왜 미국을 위해서 일을 안 하겠나. 그들을 쓰면 된다'고 조언했다.

맥아더는 이 말을 듣고 조선에 들어와서 친일파들을 기용했다. 일제 강점기 때 판·검사가 다 일본 사람들이었는데 그 사람들이 귀국하니까 빈자리가 많았다. 여기에 법원에서 서기 일을 하던 악질적인 친일파들을 다 앉혔다. 친일파들이 다 판·검사가 된 거다. 나중에 그 사람들이 대한민국에서 판·검사도 하고 대법관도 하고 대법원장도 지내게 된다.

이 사람들 입장에서 보면 미국이 자기 집안을 신분 상승하게 해 준 은인이다. 그러니 친미(親美)를 할 수밖에... 한두 명이 아니다. 경찰, 군대 등등 사회 전반에서 이런 일이 일어났다. 그게 해방 이후의 정국이다. 해방 이후에 제주도 사람들이 3·1운동 기념식을 준비했다. 그래서 시민들이 학교 교정에 모여서 기념식을 하기로 하고 경찰에 집회신고를 했는데, 경찰이 미군정에 이야기를 했더니 안 된다는 답이 돌아왔다. 근데 착하고 순진한 우리 국민들은 '자유와 평등의 나라인 미국이 반대할 리가 없다. 뭐가 잘못된 거겠지. 폭력 시위도 아니고 교정에 모여서 평화롭게 하는 건데 어때'라는 생각으로 약속 장소에 모였다.

이때 미군정 지시를 받은 일제 경찰들이 거기를 습격해서 강제적으로 해산을 시켰다. 그 과정에서 한 어린 아이가 경찰이 탄 말 발굽에 치여 죽는 사건이 일어났다. 이러니까 주민들이 '어떻게 이럴 수가 있나. 해방된 나라에서 3·1절 기념식을 하는 게 뭐가 잘못됐나' 하면서 경찰에 항의를 했다. 여기서 경찰이 또 시민들한테

총을 쐈다. 그래서 주민들이 들고 일어났더니 '저놈들 빨갱이다'라고 하면서 다 죽인 거다. 희생자가 만 몇 천 명이었다. 말이 만 명이지, 제주도민 10분의 1 정도가 희생당했다. 북한에서 친일청산을 하니까 거기서 도망쳐 나온 사람들이 만든 '서북청년단'이라는 게 있었다. 이 사람들도 제주도로 가서 수많은 사람들을 학살했다. 그래도 일이 수습이 안 되니까 이승만 정부가 여수·순천에 있는 군대한테 진압을 지시했다. 그런데 여수·순천에 있는 청년 장교들이 '동족을 살인하라는 거 아니냐. 아무리 봐도 경찰이 잘못한 거지 민중이 잘못한 게 아니다'라고 하면서 대표단을 뽑아 서울로 보냈다. 이승만 정부는 이 사람들도 다 빨갱이라고 하면서 감옥에 가둬버린다. 당연히 여수·순천에 있던 사람들이 또 들고 일어났다. 그러니까 그걸 '여순반란사건'(요즘은 '여순사건'으로 불림)이라고 하면서 많은 사람들을 죽인다. 이런 사람들이 오늘날 3·1절이나 8·15를 기념할 자격이 있기나 하나. 국회에서 외교통상통일위원장을 할 때 전 세계 정치인들을 많이 만났다. 그때 일본 사람들한테 물어봤다. '너희들 독일처럼 진심으로 과거청산을 하는 게 어떠냐. 독일이 진심으로 사과하니까 프랑스랑 잘 지내게 됐지 않냐. 우리도 그렇게 잘 지낼 수 있지 않겠냐'고. 그랬더니 반문을 하는 거다. '내가 서울에 갔더니 일본 야스쿠니 신사에 있는 전범 졸개들이 국립묘지에 묻혀 있더라. 다 대통령, 국무총리, 장군까지 하고 죽은 다음에 묻혔던데 왜 우리한테만 그러냐. 야스쿠니 신사는 참배하지 말라면서 거기는 왜 참배하나.

일제 강점기 때 '한일합방은 조선인의 행복'이라는 사설을 쓴 신문이 한국 국민들이 제일 애독하는 신문이라며. 왜 너희들은 과거청산을 안 하고 우리보고 하라고 그러냐. 진심이냐.' 일본은 우리가 먼저 친일청산을 안 하면 과거청산 안 한다. 우리가 과거청산 하자고 하면 일본은 '또 우리한테서 돈 뜯어내려고 하는 거 아니냐' 그렇게 생각한다. 한일관계를 풀려면 우리 내부 문제부터 풀어야 한다. 우리가 친일에 뿌리를 두고 분단에 기생하는 정치세력, 언론, 사회구조를 바꾸지 않는

한 일본은 과거청산에 나서지 않을 거다. 그 냉엄한 현실을 알아야 한다. 친일청산이 없으면 국민통합도 불가능하다. 우리 사회 갈등의 뿌리는 친일 미청산에 있다. 8·15 광복절 기념식에서 단하에서 박수치는 사람들은 독립군들이고, 단상에서 박수 받는 사람들은 독립군 토벌하던 친일파인 이 구조를 바꿔야 한다.

광복회가 우리사회 모든 시민단체의 맏형으로서, 이걸 바로잡는 게 대한민국을 바로 세우는 길이라고 믿고 제대로 된 나라를 만들기 위해 노력할 생각이다.

김원웅

현) 광복회장으로 독립운동가 김근수, 전월선의 장남으로 중화민국 쓰촨성 충칭에서 출생하였고 14대, 16대, 17대 국회의원을 역임하였으며, 국회 윤리특별위원장, 통일외교통상위원장으로 폭넓은 의정활동을 했다.

망국적인 공직자
부동산 투기부터 막아야 한다

김성달 (경실련 부동산건설개혁본부 국장)

　서민주거안정을 위해 설립된 공기업 LH의 땅투기 의혹이 국회의원, 시도의원 등 공직사회 투기의혹으로 확대되면서 망국적인 공직자의 부동산투기를 근절해야 한다는 국민적 요구가 어느 때보다 커지고 있다.

　이번 문제는 개인 일탈이라고 보기엔 너무 광범위하게 나타난 만큼 부동산 투기를 부추기는 고질적인 구조적 문제를 찾아내고 관련제도 개혁으로 이어져야 한다. LH 등이 강제수용 · 용도변경 · 독점개발 등 서민주거안정을 위해 부여된 3대 특권을 남용하여 땅장사와 바가지 분양으로 부당이득을 취하는 것을 방치하는 한 언제든지 공직자 땅투기는 일어날 수 밖에 없기 때문이다.

　경실련 조사결과 문재인 정부 이후 서울 아파트값은 한 채당 5억, 78%가 상승하는 등 역대정부 최고수준이다. 불로소득 5억은 무주택 월급쟁이들이 월 100만 원씩 50여 년을 모아야 마련할 수 있는 금액으로 50년간의 자산격차가 벌어진 것과 다름없다. 이런 상황에서 청년들이 영끌까지 해가며 투기시장에 뛰어드는 것을 막기는 어렵다. 집값이 뛴 데에는 임대사업자 세제 및 대출특혜(2017.12), 3기신도시 개발(2018.9), 구도심 공공재개발(2020.5), 수도권 127만 호 공급(2020.8), 83만 호 공급(2021.2) 등 다주택자 특혜 및 투기조장 공급대책이 주요 원인이다. 특히 공급대책은 발표만 하면 서울 집값이 큰 폭으로 올랐고, 2.4대책 발표 이후로는 구도심 단독주택, 연립 등도 크게 뛰었다. 지난 10년간 신규공급된 500만 호 중 250만 호를 다주택자가 싹쓸이하였고, 서울의 자가점유율은 2006년 44.6%에서 2019년 43.7%로 더 떨어졌다. 이는 정부의 고장난 공급시스템의 문제를 적나라하게 보여주고 있다. 그리고 개발정보를 제일 먼저 접하는 공직자들이 고장난 공급시스템을 악용하여 광범위하게 투기를 벌여온 것이 발각된 것이다.

따라서 고장난 공급시스템의 개혁이 먼저이며, 투기조장형 신도시개발, 공공재개발 등의 무분별한 개발정책은 전면 중단되어야 한다. 주택보급률이 100%가 넘은 만큼 환경파괴, 집값거품과 불로소득 조장하는 대규모 주택공급을 할 이유가 없으며, 공기업만 제 역할하면 얼마든지 집값은 안정될 수 있다. 과거 이명박 정부에서는 LH가 강남서초에 평당 900만 원대 아파트, 평당 500만 원대 토지임대 건물분양아파트 등 저렴한 반값아파트를 지속적으로 공급했고, 이로 인해 강남 아파트값도 떨어지며 서울 집값도 하락했다. 하지만 문재인 정부에서는 공공아파트값이 송파 위례 평당 2,000만 원, 과천지식정보타운 평당 2,400만 원 등 원가보다 터무니 없이 비싸게 책정되어, 오히려 주변 집값을 끌어올리고 있다. 실제로 대치동 은마아파트의 경우 34평 아파트값은 분양가자율화 이후 2000년 2억대였지만 참여정부 집값상승으로 2007년에는 13억까지 올랐다. 이명박 정부의 반값아파트가 공급된 이후부터 하락하며 2013년에는 8억대로 떨어졌고, 문재인 정부에서는 취임초 12억에서 현재 23억으로 4년동안 무려 11억 원이 올랐다. 이명박 정부에서는 LH의 반값아파트가 강남서초, 하남미사, 고양원흥 등 수도권 곳곳에서 공급됐고, 민간 재개발재건축이 거의 일어나지 않았다. 왕십리 뉴타운 등이 대부분 미분양되며 전국적으로 미분양 물량이 증가했다.

첫 번째로 공공기관이 땅장사, 바가지 분양을 중단하고 본연의 역할에 충실하면 집값도 잡을 수 있다. 공기업이 존재하는 이유도, 공기업에게 강제수용하고, 논밭 임야를 아파트용지로 바꿀 수 있고, 독점적으로 사업을 추진할 수 있게 해준 이유도 모두 서민들을 위한 공공주택 공급을 위해서이다. 공기업이 강제수용한 공공택지를 민간에 되팔지 않고 아파트를 지어서 서민들에게 건물만 분양하면 20평 아파트도 1억 원에 살 수 있고, 장기공공주택으로 공급하면 월 50만 원에 거주할 수 있다. 이렇게 공공주택이 서민들을 위해 사용되면 공직자, 건설업계, 투기세력 등의 불로소득을 노린 투기도 사라질 수밖에 없다.

두 번째는 투명한 공직자 재산공개를 통해 상시적인 감시가 이루어져야 한다. 1993년 김영삼 대통령은 '명예가 아닌 부를 택하려면 공직을 떠나라'고 발언하며 공직자 재산공개를 도입했다. 이후 30여 년이 흘렀지만 지금까지도 공직자들의 재산공개가 사실대로 투명하게 공개되지 않고 있다. 공개대상도 1급 이상으로 이번에 투기의혹이 불거진 4급 이하 공직자들은 공개되지 않는다. 재산가액도 토지는 공시지가, 주택은 공시가격 기준으로 신고되어 시세보다 낮게 축소공개되고 있다. 따라서 재산공개대상을 개발정보를 접할 수 있는 5급까지 확대하고 재산가액도 모두 사실대로 시세기준 가액으로 공개되어야 한다. 본인 뿐 아니라 배우자, 부모, 자녀 등의 직계가족 재산도 은닉차단을 위해 반드시 공개하도록 해야 한다.

세 번째로 비농민의 농지소유를 제한해야 한다. 이번 땅투기에 나선 공직자들은 모두 비농민임에도 불구하고 허술한 제도 운영으로 농지를 취득할 수 있었다. 또한 국회의원, 중앙부처 공무원, 시도의원. 지자체장 등 고위공직자 상당수가 논밭 등 농지를 소유하고 있다. 헌법에 명시된 '경자유전' 원칙을 되살리고 투기 방지를 위해서는 농지취득시 예외없이 농업경영계획서를 제출하도록 하여 비농업인의 농지 취득 자체를 막아야 한다.

네 번째로 국회를 통과한 이해충돌방지법의 적극 활용이다. 개발정보를 최우선으로 접하는 공직자들은 항상 업무상 미공개정보를 활용한 투기에 노출될 수밖에 없다. 현행 법으로는 형법 뇌물죄가 있지만 이해충돌 상황을 사후적으로 처벌하는 방식이다. 이해충돌 방지를 위한 노력은 공직자윤리법, 부패방지법 등 있지만 전반적인 이해충돌 방지 체계를 마련하기에 미흡했다. 그러나, 지난 4월 통과된 이해충돌방지법의 핵심은 공직자 이해충돌의 사전적 예방을 위해 공직자가 사적 이해관계와 밀접한 업무를 못하도록 엄중하게 감시하고 협의가 입증되면 강력하게 처벌하는 것이 가능하게 됐다는 점이다.

다섯째로 투기조장책에 기대어 불로소득을 취하려는 투기세력 등에 대한 엄중 처벌이 이루어져야 한다. 이번 공직자 땅투기 사례에서 지분쪼개기, 내부정보를 활용한 차명거래 등 다양한 투기수법 등이 확인된 만큼 이후 3기 신도시 개발예정지의 토지거래내역 실태조사 등으로 확대하여 철저히 수사하고 투기세력을 엄벌함으로써 우리사회 만연한 불공정한 부동산 투기거래 악습을 차단하는 계기로 삼아야 한다.

부동산투기가 용인되는 한 공정, 평등, 혁신은 일어날 수 없다. 하물며 모범을 보여야 할 공직자의 부동산투기는 '공적정보를 도둑질하여 부당이득을 취하는' 망국적 범죄라고 해도 과언이 아니다. 대통령께서도 강조한 투기세력 발본색원을 위해 반드시 근본적인 제도개선으로 이루어지도록 정부와 집권여당이 나서야 한다.

당신은 내일을 선택하는 퓨처체인저,
지나간 과거는 버려라!

이광세 (한국 에듀테크 산업협회 상임이사)

요즘 소년과 청년들을 보면 3만 불 시대의 풍요 속에서도 과거의 세대보다는 오히려 불행해 보인다. 자신없는 불확실한 미래에 대한 불안감과 좌절감을 미리 겪고 있는 듯하다. 급속하게 변하고 있는 초연결 사회(hyper-connected society) 속에 이들에게 인터넷 네트워크 세상은 게임이나 SNS을 통해 현실도피 공간과 대리 성취의 기회를 만들어 주고 있다. 앞으로 이들은 이곳에 점점 깊숙이 빠져들어 현실을 회피하거나 인생의 일부 또는 전부가 될 수밖에 없을 것이다. 잘못되어 가고 있는 것인가? 우리의 젊은 세대에게 우문을 던져 본다.

지금의 제트세대(1990~2000년대생)와 알파세대(2011년 이후 세대)들은 어떠한가? 유치원이나 초등학교에서는 그나마 꿈과 희망을 품은 활기찬 모습을 보이는 듯하다가 이후 지배적인 교육 시스템(에드워드 데밍) 속에 들어서면서부터는 점점 꿈과 희망을 잃고 마음껏 성장해야 할 영혼 나무가 과거지향적인 지배적 사회 시스템의 토양에서 말라 죽어가는 것을 흔하게 볼 수 있다. 그러나 "라떼 세대"가 주류인 현 기성 사회는 계속 과거지향의 지배적 경쟁 환경을 강요하고 그것이 현재를 이끄는 엘리트 사회 시스템이라고 당연시 여기고 있다.

우리나라의 SKY 출신 엘리트 라떼 세대는 1차, 2차, 3차 산업혁명의 산업사회를 일구고 지금까지 현대화된 산업화 사회를 발전시켰지만 향후, 미래 사회에는 제대로 대처 못해 몰락하게 만드는 세대도 이들이 될 것이라고 스스로들 말하고 있다. 지식 전달의 원시적 수단인 문자와 서적도 누구나 활용할 수 있게 된 것도 전 인류에게는 최근의 일이다. 지식은 곧 지배계층의 전유물이며 권력의 수단이기도 했던 과거의 교육시스템에서는 정형화된 지식을 습득하여 기억하고 재생하는 암기와 언어능력이 가장 뛰어난 이들을 엘리트 지배계층으로 선택해 왔다. 이들은 남들보다 과거 지식을 계승 발전시킬 수 있는 확률이 높다고 사회에서 인정받은 것이다.

그러나 오늘 그리고 앞으로는 어떠한가? 이제는 소유하는 장농 지식이 아닌 활용하는 지식으로 대상과 목적 그 자체가 바뀌었고 이에 요구되는 능력이 다양하게 확장되고 있다. 흔히들 "저 사람은 공부머리는 있는데 다른 능력은 영 젬병이야!" 과거와 아직 현재에도 이런 분들이 지도층으로 군림했지만, 앞으로는 어림도 없는 일이다. 한정된 지식 소유 능력과 기득권 인싸 인맥, 암기식 언어능력 중심으로 키우는 현재의 교육시스템 속에 지금의 세대를 담아서는 안된다. 청년은 대학 졸업 후 전공지식을 실무에 제대로 활용하지 못해 교육훈련을 다시 받아야 하고 타전공 분야 학생이 오히려 더 잘하는 것이 전혀 이상하지 않은 현 교육시스템과 과거 지향적 학벌과 마피아식 인맥 위주의 현 사회 시스템 속에서는 더 이상 이미 시작된 내일을 준비할 수 없다. 그러한 라떼식 장농 지식을 요구하는 학문을 닦는 것은 화장실에서나 필요할 것이다. 우리는 지금 19세기 교실에서 20세기 교사들이 21세기 아이들을 가르치고 있다 (앨빈 토플러).

오늘날 지식의 습득 소유 시대는 가고 지식의 공유 활용 능력 시대가 시작되었다. 앞으로 15년 이내 절반 이상의 대학은 폐교할 것(토머스 페이)이며, 앞으로 요구되는 직업의 65% 이상이 전혀 새로운 일자리로 대체될 것(WEF Davos Forum)이다. 이에 요구되는 지식과 지능, 역량은 더욱 복잡하고 다양해져서 획일적인 지식과 지능 역량을 키우는 현 교육시스템으로는 미래의 인재를 양성할 수 없다. 지금까지 청소년들의 학습 성적에 따라 SKY 대학교에 진학하거나 아예 대학을 포기하거나 했어도 좋아하거나 실망할 필요가 전혀 없다. 그동안 사회 성공의 전부였던 과거의 지식과 학력은 이제부터 경험하고 헤쳐나가야 할 내일에 필요한 일부 요소일 뿐 그 이상의 의미와 가치는 없다. 본인이 원하는 어떤 분야이든 새롭게 나타나고 펼쳐지는 다양한 지식과 역량을 스스로 습득하고 새로운 가치로 창출하는 공유 활용 능력을 갖춘 사람이 미래의 체인저이고 승자인 시대가 되었다.

그러면 더 이상 학교에 다닐 필요가 있을까? 초중고(12년)+대학(4년+α) 정형화된(well-structured) 교육기간을 거쳐 25~30년 성장하면서 열과 성을 다한 것이 그 후 25~30년 좋은 직업으로 보장받기 위해서라면 그럴 필요가 없다. 앞으로 30년이 아닌 15년 이내에 사회 루저가 될 확률이 훨씬 높다고 본다. 25:25 30:30 룰은 이미 깨진지 오래다. 마지막 수혜 세대들은 세컨라이프(제2의 인생과 직업)로 전환하거나 사회 경제의 지배 기득권에서 빨리 사라져야 한다. 고령화 등 인구 구조의 변화로 정년이 없어지고 사회 생산 활동을 지속하는 시대가 되어감에 따라 제의 2, 3의 직업을 가지게 되는 세컨라이프를 영위하게 될 것이며 평생학습, 평생직업의 시대로 이미 돌입한 것이다.

학교는 요람에서 무덤까지 필요로 하는 평생학습의 1차 선택지일 뿐이며 학교와 교사는 스스로 지식을 습득 활용할 수 있는 기초능력과 사회성, 공간지능, 신체능력, 인간관계/인성, 기초학습능력, 창의력을 키우는 곳으로 지도해주는 곳으로 변

화되어야 하고 학생과 학부모가 주도하여 원하는 방식과 지식을 선택할 수 있어야 한다. 학교는 국가에서 정해주는 교육내용과 제도로 지식을 주입하는 획일적인 교육에서 개인과 학부모가 원하는 다양한 교육서비스를 제도권 밖에서도 선택할 수 있는 자율적인 교육환경을 제공하고 튜터링하는 교육정보서비스센터로 전환되어야 한다. 과거의 교육시스템을 고집하는 학교는 더 이상 필요 없으며 많은 학생들이 제도권 교육에서 떠나 대안없이 대안학교로 변질된 사설교육기관으로 떠나는 사회 문제가 해결되어야 한다.

4차 산업혁명의 새로운 시대로 급변하는 오늘, 새로운 사회와 산업의 가치가 매일 창조되고 이것을 가능케 하는 것은 지금의 새로운 세대의 몫이다. 새 술은 새 부대에 담아야 한다. 그러나 과거의 헌 부대에 새 술을 담고 있는 현실은 세대 간 상하좌우의 격차와 간극을 더 벌어지게 하고 있다. 앞으로 세상은 모든 사물과 사람이 하나로 연결이 되고(초연결 Hyper-connectivity), 발생하는 모든 데이터가

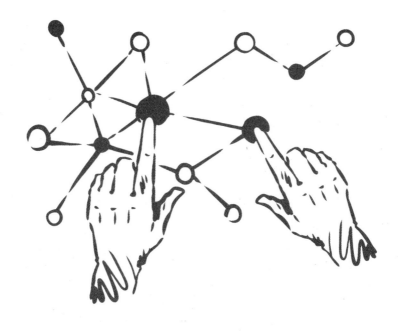

디지털 트랜스포밍되어 분석 처리되어 인간에게 인공지능으로 서비스되고(초지능 Extra-intelligence), 모든 것이 현실과 가상의 세계가 혼합되어 하나의 공간으로 연결된 초실감의 새로운 세상(메타버스 Metaverse)으로 바뀌는 목전에 있다.

이제 변화되는 세상은 무궁무진한 세상의 새로운 빈자리, 빈종이를 내어주고 있다. 지난 자리, 몇 장 안되는 헌 종이에 우리의 내일을 그릴 여백도 없고 그럴 가치도 없다. 과거와 미래, 시간은 물리적인 개념으로 존재하지 않는다. 과거는 지나간 현재이고 미래 또한 다가오는 현재인 것처럼 현재의 연속이다. 과거는 이미 존재하지 않고 기록으로 정리될 뿐이다. 지금껏 실기하거나 오류를 범했던 과거의 일에 연연할 필요도 없고 가치도 없다. 내가 진정으로 원하고 성취하고 싶은 것을 상상하고 그냥 실천해보자. 지금 내가 필요한 것, 지금 하는 것이 가치 있는 것이다. 매일 끊임없이 다시 시작되고 있는 지금이 미래이고 현재인 것이다.

시민 안전 지킴이의 노력은
소중한 일상으로 돌아올 때까지...

박병열 (한국지방재정공제회 경영혁신 본부장)

상호부조의 방식으로 지방자치단체의 공유재산관리 및 재해복구 지원을 위해 1964년 설립된 한국지방재정공제회는 열린 경영혁신과 지원체계 강화를 통해 지역공동체 발전과 공공의 이익을 추구해 왔다. 특히 공제회의 시민안전공제사업은 '시민들이 일상생활 중 예상치 못한 각종 재난, 범죄 등으로 사고를 당했을 경우 발생할 수 있는 피해를 보상'하기 위하여 2017년 도입되었다. 시민안전공제(보험)는 지방자치단체가 가입하여 지역 내 주민등록을 두고 있는 모든 시·군·구민이며, 시민안전공제 가입에 관한 자치단체 조례 제정이 필요하다. 담보 및 가입조건을 회원이 선택하도록 되어 있으며, 국내 모든 지역에서 발생한 피해를 보상하고 있다. 현재 지방자치단체 약 150개 기관이 공제회에서 운영하는 시민안전공제나 민간 보험사의 보험상품에 가입되어 있고, 가입기관은 향후 지속적으로 늘어날 전망이다.

공제회의 시민안전공제는 전체 시민안전 시장의 약 68%를 점유하고 있다고 자체적으로 추정 중이다. 시민안전공제사업이 호응을 받고 있는 이유로는 민간 보험사 대비 가격 경쟁력과 보상범위 경쟁력을 확보하는 가운데, 사고처리 전담조직을 운영하여 신속·객관적인 공제금을 지급하고, 가입일 기준 즉시 보장을 개시하는 등 서비스에 노력을 하고 있다는 점을 들고 있다. 특히 공제회는 회원의 니즈를 지속적으로 반영하기 위하여 담보 및 보상 범위를 2017년 15개에서 2020년 26개로 지속적으로 확대해 왔다.

시민안전공제에서 보장하는 보상 범위는 자연재해(일사병, 열사병, 저체온증 포함)로 인한 사망, 폭발·화재·붕괴 상해사망 및 후유장해 등에서부터 스쿨존 교통사고, 야생동물피해, 성폭력, 농기계상해, 가스 상해, 전세버스 이용 중 상해사망 등 시민의 생활과 밀접한 상해사망이 포함된다. 2020년에는 코로나19 확산에 의한 회원의 수요를 반영하여 감염병 담보를 보험사 중 최초로 추가하였다. 또한 담보 및 가입금액을 회원이 선택·결정하여 지역맞춤형 시민안전보험을 구성할 수 있도록 가입의 문턱을 넓혀 놓았다.

한편 한국지방재정공제회는 시민안전공제사업을 비롯하여 지방자치단체의 공유재산 재해복구, 영조물·업무배상공제 등 다양한 공제사업을 수행하고 있다. 광역시·도 및 시군구 등 지방자치단체와 지자체 출연·출자기관, 행정안전부를 회원으로 두고 있어 지방자치단체가 필요로 하는 공제(보험)사업을 수행하여 지방재정 발전에 기여하고 있다. 특히 민간 보험사와는 달리, 회원 간의 상호부조를 목적으로 하는 회원지원사업을 통하여 이익을 회원에게 환원하고 있는 것이 특징이다.

2016년 지방회계통계센터를 설립하여 지방재정 발전을 위한 제도연구 및 각종 통계 작성·관리, 회계·계약 관련 지자체 공무원 교육 등을 지원하는 한편, 2018년에는 공유재산 위탁관리 기관으로 지정되어 지방자치단체의 공유재산 실태조사, 관리대행, 실무교육, 안전관리 등 회원지원의 영역을 넓게 확장하고 있다.

또한 지방재정공제회는 지방자치단체의 지역개발·공공청사 정비 등의 목적에 필요한 자금을 제공하여 공적 금융기관의 역할을 수행하는 동시에, 회원지원사업의 일환으로 저렴한 금리로 융자사업을 운용하고 있다. 뿐만 아니라 자치단체 공무원 교육비 지원, 관공선 검사비 등을 무상으로 지원하고 있으며, 재해·재난으로 인해 특별재난지역으로 선포된 지자체에 대한 재정 지원도 수행해 오고 있다. 2020년 특별재난지역 선포 지자체에 대한 지원 규모는 총 75개 자치단체·37억 원에 달한다.

최근에는 지방자치단체의 고객인 지역주민에 대한 지원에도 앞장서고 있다. 당기순이익의 1%를 지역 사회공헌에 활용하는 것을 기관의 목표로 삼고 지역 일자리 창출 지원사업, 유휴 공유재산을 활용한 도심 속 "지방재정의숲" 조성 사업, 찾아가는 안전체험교실 운영 지원과 소외이웃 사랑의 기부후원 등을 추진하였다. 특히 2020년에는 코로나19가 확산되자, 대구적십자사·굿네이버스·신장장애인협회 등과 협력하여 지역사회 취약계층에 마스크 등 방역물품을 전달하기도 하였다.

이와 같이 지방재정공제회는 공제사업과 재정지원 확대를 통한 시민안전의 지킴이 역할을 수행함으로써 성공적인 백신방역에 이어 소중한 일상으로 돌아오는 그날까지, 지역주민을 위한 따뜻한 '마음방역' 활동은 계속 진행될 것이다.

박병열

성균관대 행정학 석사,인하대 행정학 박사 학위를 마치고 지방행정연구원 책임연구원을 역임했다. 90년 한국지방재정공제회 입사, 재정협력팀장,옥외광고 사업부장 등을 거쳐 2018년도 55년 공제회 역사상 최초 내부출신 임원으로 선임됐다.

위기의 시대
창업에게 길을 묻다

지기철 (트라이경영연구소 소장)

　세계적인 뉴노멀과 수축사회 이후 다가온 코로나 팬데믹은 부익부-빈익빈 심화라는 경제적 초양극화를 겪으며 21세기 선진국 문턱에서 방향을 찾지 못해 방황하고 있는 모습이 대한민국의 현실이다

　이에 소상공인들의 어려움은 이루 말할 수 없다. 사회적 거리두기로 인한 영업시간 단축, 끊어진 고객들의 발걸음 등으로 심각한 매출부진과 함께 폐업이 속출하고 있으나 이러한 상황 속에서도 새로운 창업으로 도전하는 사람들은 증가하고 있다. 이는 모든 시대마다 요구하는 형태의 비즈니스가 존재하고, 위기의 상황은 언제나 새로운 수요를 낳거나, 뉴노멀 라이프스타일에 적응한 창업아이템이 등장하기 때문이다.

　특히 수도권의 경우 5인이하 집합금지 정책으로 인해 4인을 초과하는 만남이나 모임이 불가능해지자 생활 속 틈새 창업이 강화된 면모를 보이고 있다. 국세청이 발표한 100대 생활업종 월별통계는 필자의 주장을 뒷받침해준다. 지난 2월 말 기준으로 전국의 '커피음료점' 등록업체는 7만2686개로, 전년 동월(6만2933개) 대비 15.5%

증가한 것으로 발표되었고, 교습소, 공부방, 패스트푸드점, 헬스클럽 등도 증가한 것으로 나왔다.

이는 뉴노멀화된 일상과도 궤를 같이 한다. 재택근무가 일상화되며 집이라는 공간제약과 갑갑함을 해소하기 위해 거주지 인근에서 자기만의 공간을 찾고 싶어 하는 수요가 발생하고 있다. 많은 사람이 함께 모이는 회식 문화도 사라졌고, 비대면이 아닌 경우 오랜 시간을 함께 보내는 사람도 없기 때문이다. 이에 방역과 영업이라는 두 마리 토끼를 동시에 잡을 수 있는 카페 공간 창업이 선호될 수 밖에 없다.

청소년들의 학업문제도 마찬가지다. 다수의 수강생이 함께 수업받는 학원 경영은 어려워진 상황에서 학업부진을 메우기 위해 소규모 교습소, 공부방이 대안공간이 되고 있다. 헬스클럽 창업 또한 코로나 일상 속에서 운동부족을 해결하고 높아진 건강에 대한 관심이 반영된 것이다. 이 시대에도 끊이지 않는 창업열기는 의미하는 바는 크다. 이미 창업시장은 대기업의 구조조정, 창업에 대한 수많은 정보, 정부의 창업지원, 대출 장려 정책 등 여러 원인으로 인하여 과포화된 지 오래되었다. 수요보다 공급이 훨씬 많은, 경쟁이 치열한 시장이 전개되며, 그 경쟁에서 이겨낸 소수만이 생존할 수 있는 시장구조가 형성된다.

치열한 시장에서 생존하려면 특허, 아이디어, 사람의 유무형의 가치를 포함하는 지식재산 가치 창출이 중요하다. 전 옥션 이금룡 회장은 "지식 없이는 창업 못하는 시대"라고 수많은 강연을 통해 언급했는데, 창업의 경쟁력은 지식재산의 가치 발견과 가치창출이라고 강조한 것이다.

이는 단순히 지식재산 보존의 시대를 말하는 것이 아니라 다양한 지식재산 활용의 시대임을 의미한다. 다행히 우리는 5,000년 역사 속에 내재된 경험지식과 전통지식을 비롯해 끊임없이 발전시켜 온 첨단기술과 문화예술을 갖추고 있다.

향후 이런 지식들이 공유 · 상생될 수 있는 실효성 있는 지식거래의 장과 협업인재 양성을 통해 새로운 미래가치를 창출하여야 한다. 이는 우리 삶에서 멀리 있는 것들이 아니다. MZ세대의 선취력, 퇴직자의 경험, 아이디어 보유자의 특허권, 첨단지식

아이템을 보유하고 있는 혁신기업들이 존재하기 때문이다.

이들을 통해 차별화되고 집적된 향토지식아이템을 지역재창조를 원하는 지방소멸지역에게 지식공유상생으로 이끌어 내야 한다. 각 지역의 창업지원기관과 연계한 투자 유치를 통한 경쟁력 강화가 이루어지며, 실질적인 창업 · 창직 · 사업 · 기업혁신·지역재창조가 절실한 시대다.

위기의 시대에는 변화를 직시해야한다, 세계적인 경영학 구루 피터 드러거는 "미래를 예측하는 가장 좋은 방법은 미래를 만드는 것"이라 말했다. 나의 인생을 만드는 것도 남이 아닌 내가 만들어 가야 하는 것이다. 계획하고 실행하고 평가하는 과정을 거치면서 나의 인생을 만들어가는 과정으로 정년이 없는 기업에 자신을 취업시키는 방법이 최고일 것이다. 어렵지만 보람 있는 일이 바로 창업이다.

이는 자신에 대한 철저한 이해와, 나에게 맞는 아이템을 찾아 해당 아이템을 성공시키기 위한 확실한 전략을 준비해야만 치열한 창업시장에서 성공할 수 있다.

한편, 최근 사회적 환경의 어려움에 대한 극복방안으로 '우생마사(牛生馬死)'라는 격언이 떠오른다. "홍수가 났는데 평소에 진취적이고 기운이 넘치는 말은 물을 거슬러 올라가려다 지쳐서 물에 빠져 죽고, 우둔한 소는 물에 떠내려가다 얼렁설렁 뭍에 올라 살게 되었다"는 이야기다.

'우생마사'는 현 시대의 기업 운영과 관련하여 광범위한 생각을 하게 하는 격언이다. 사업을 한다고 하면 우선 의욕이 앞서기 마련인데, 냉정한 판단없이 의욕만 가지고 실적 중심의 사업을 벌이게 되면 단명하기 쉽다. 즉, '자존감'의 부족이 자기의 페이스를 잃게 만들어 '말이 물에 빠져 죽는 것'과 같은 결과를 초래한다. 물의 흐름에 순응하며 자기 영역을 꾸준히 해나가면, 소가 살아남은 것처럼 비즈니스의 생존확률이 높아짐과 동시에 성공의 가능성을 잡을 수 있게 된다.

'요즘 뜨는 아이템, 수익성이 높은 아이템'을 고르는 식으로 자신의 경험 · 지식 · 성격 등은 무시한 채 '묻지마 창업'에 뛰어들기보다는, 본인에게 맞는 아이템을 찾아 관련 아이템의 성공을 위해 부족한 부분을 보완하고 대안을 준비하는 자만이 치열한 창업시장에서 살아남을 수 있다.

초기 창업자들은 시장, 즉 고객의 '니즈'에 관한 문제보다 자신이 흥미를 가지고 있는 '니즈'의 문제를 해결하는 것에 무게를 두는 경향이 있다. 고객의 관점에서 생각한다는 것이 얼른 보면 쉬운 것 같고, 별 것 아닌 것 같기도 하지만 정말 이해하고 실천하기 쉽지 않다.

예를 들면, "봄을 그리라"고 하면 대부분의 사람들이 산수유나 개나리를 그려 내는데, 산수유와 개나리가 봄은 아니다. 고객의 입장에서 생각한다는 것은 고객에게 가치를 더 줄 수 있도록 최선을 다하는 것이지 창업가의 관습과 사고가 고객의 가치를 더하는 것이 아니다. 고객에게는 개나리가 필요한 게 아니라 진정 봄이 필요하다. 즉, 고객의 가치에 대한 사고의 개선이 필요한 것이다.

그리고 지속성을 담보하는 수익모델을 가져야 한다. 수익을 창출하는 비즈니스 모델이 빈약해서는 아무리 창의력이 뛰어나도 기업으로는 존속할 수 없다. 따라서 시장과 마케팅, 재무적 관점의 이해가 필요하다. 기업가 정신과 사업 전략에 관한 체계적 교육과 비즈니스 기업가적 관점을 습득하면서 끊임없이 직면하게 되는 리스크를 예측, 분석하고 극복해 낼 수 있는 준비와 판단력, 문제해결 능력을 갖추어야 한다.

정부에서는 창업의 단계를 예비(사업자 등록 전), 초기(창업3년 미만), 도약(창업 3~7년 미만)으로 구분하여 창업지원을 진행하고 있다. 중소벤처기업부와 창업진흥원에서 운영하는 창업넷(www.k-startup.go.kr)의 관련정보들을 잘 활용하는 것도 성공창업의 지름길이다.

4차 산업혁명이라는 거대한 흐름과 경제적 위기의 돌파구로 창업이 선택이 아닌 필수가 되어야 하는 대한민국 사회다. 청년들이 수없이 넘어지고 실패하더라도 포기하기 않고 다시 도전할 수 있도록 실패에 따른 위험을 정부와 사회가 함께 분담하는 창업 생태계를 구축해야 한다. 청년들이 1백번의 이력서 제출보다 단 한번의 창업을 위해 혼신의 노력을 할 수 있도록 창업 활성화를 위한 인식의 개선과 견고한 사회 안전망이 뒷받침될 때, 진정으로 창업을 권장할 수 있는 사회, 혁신 창업이 계속되는 사회가 될 것이다.

먼 앞날을 걱정하기보다는 오늘 지금 이 순간에 대한 평가와 다짐, 그리고 실행이 내일에 대한 불안감을 해소시켜주고 미래로 나아갈 수 있는 힘이 되어줄 것이다. 증가하는 청년실업, 중장년층의 조기은퇴, 노령층 등의 일자리 문제는 물론, 심화되는 지방소멸 등의 대책 마련을 위해 폭넓은 지식공유 상생정책과 실효성 있는 재정정책 수립이 절실히 요구되고 있는 시점이다.

지기철

- 중앙대학교 창업대학원 겸임교수 / 트라이경영연구소 소장
- 벤처기업협회, 한국발명진흥회 담임멘토, 대한상공회의소 산업혁신컨설턴트
- 소상공인시장진흥공단 자문 및 평가위원, 창업진흥원 기술멘토
- 한국신지식인 1인창조지식 창업부문 1호 선정, 한국코치 및 산업카운슬러 1급 자격
- 창업관련 표창(산업통상자원원부 장관, 미래창조과학부 장관, 창업진흥원장)

전철타고
늘 푸른 들판 길을 걷다

조규석 (송파, 잠실 관광협의회 부회장)

영화 〈미나리〉와 〈기생충〉은 외국의 유명한 상을 여럿 수상하고 금의환향하여 우리에게 큰 기쁨을 주고 있다. 우리가 먼저 이들의 예술성과 가치를 발견하고 즐겼다면 기쁨이 배가 되었을 것 같다. 어쨌든 이들은 "우물 안 개구리"에서 "우물 밖 개구리"가 되어 "우리 삶"의 일부를 세계에 내보여 세계화 가능성을 명료하게 보여 주었다.

이에, "우리 삶"의 또 다른 영역에서 새로운 보고·즐기고·느낄 소재를 만들면 도시민의 마음방역에 활용이 가능하게 될 것이다. 그래서 지하철과 전철을 이용한 "들판둘레길"을 제안해 본다.

제안아이디어(idea)의 핵심은 수도권 전철을 교통수단으로 접근하여 자연하천의 뚝방길을 걸으며, 수농업과 관련된 놀이와 체험을 통하여 마음치유와 육체의 건강을 도모하자는 것이다.

제안아이디어(idea)의 실현 방법은 '수인분당선'의 '야목역'을 시발로 둘레길을 조성하고, 그 주변을 "치유농업" 단지로 특화하자는 것인데, 수인선의 지상철 부분이 끼고 달리는 '동화천'의 뚝방길을 따라 '시화호' 상류의 '비봉습지공원'이나 '안산 갈대공원'을 걷게 하고, 그 주변에 수농업과 관련된 "치유농업시설"을 장착하여 주민들로 하여금 "치유농업서비스"를 제공하게 한다면 수도권 주민의 마음치유와 지역 활성화에 크게 도움이 될 것이다.

그간 정부는 의료관광의 일환으로 "해양치유, 삼림치유, 치유농업" 등에 관광을 접목하여 발전을 도모하고 있다.

"화성 들판둘레길"이 실현된다면, 관광과 치유와 농업이 융합된 관광치유농업의 새로운 지표를 만들게 되리라 본다.

수도권 약 2천만 명의 수요시장성과 접근의 편리성, 지형의 독특성과 개발의 용이성에 더하여, 반나절 또는 한나절 일정의 코스(course) 적합성도 성공에 큰 도움이 될 것이다.

아직은 해당 지역이 치유나 관광 분분으로 개발되어 있지 않아 맨땅에 맨얼굴인 것처럼 황량하기만 한데, 만약 답사라도 한다면 실망감만 높아질 것이다.

하지만, 착상의 시발이 마을과 공익을 위한 것이었고, 망가져가는 지역경관을 보완하고 자연생태계를 유지하지하면서, 반려동물과 동행하거나 주부와 어린이와 가족이 함께할 수 있는 나들이 코스(course)를 만들어 보자는 데에서 발상되었다니 그 의미를 이해할만 하다.

현재 수도권 전철중 수인선의 '야목역'과 '어천역'구간을 지하철을 이용하다 보면 화성시 늘푸른 들판 길을 펼쳐져 있다. 유일하게 평야지대를 끼고 달리는 지하철 타고 마음방역 길 , 특히 '야목역'의 한쪽 편은 보기 드문 풍경 논이 펼쳐져 있다. 그래서 직선으로 뻗은 농로를 따라 '동화천' 뚝방까지가 코앞이고 아무 건조물이 없다. 더욱 뚝방을 따라 걷다보면 '푸른들판길'로 명명된 도로를 지나 자동차나 매연이나 건널목이나 신호등이나 심지어 남의 발자국 소리도 듣지 못하고 '비봉습지공원'과 '안산갈대공원'까지 갈 수 있고, 더 멀리는 '시화호'까지도 인공장애물 없이 왕복 가능하다.

약 20km의 평평한 늘 푸른들판길을 상상해보라. 잠시 눈을 감아보자 졸졸 흐르는 시냇물 소리와 바람에 속삭이는 갈대 소리, 찰랑이는 호수가 새 소리를 듣게 될 것이다.

선박이 상류로 더 이상 갈수 없어 "배턱"(배의 종점)이라 불리는 곳에 덩그라니 자리 잡은 식당이 유일한 휴식시설이며, 그곳을 지나면 편의시설이 전무하다. 안내판도, 계단도, 언덕도 없으며 단지 꼬불꼬불한 뚝방길이 놓여 있을 뿐이다. 지금 당장 걷는다면 햇빛을 가릴 장소도, 생수를 구입할 매점도, 방향을 물어볼 사람도 없다. 그렇지만 길을 잃지는 않을 것인데 방향과 목적지를 가늠할 인공물이 군데 군데 괴물처럼 서있기 때문이다.

그래서 더욱 디자인이 필요하지 않을까?

경기도 화성시 지리적 지식재산의 가치 창출을 통한 지속 가능한 일자리 마련 그리고 마음치유의 길을 걸으며 힐링하는 관광객, 지역경제 활성화를 상상해 본다

볼거리와 재미를 제공하는 주제구간과 이벤트(event) 구간 및 수로 낚시터 등을 장착하고, 햇볕과 철탑과 아파트(apartment)를 가릴 수 있는 꽃터널(tunnel)과 덩굴터널 등을 보강한다면, 향기와 색과 모양으로 꾸며질 것이다.

차 향기를 음미하며 달콤한 과자를 즐기는 것이나 건강과 몸무게 감량을 위하여 땀 흘리며 운동하는 것, 화려한 실내에서 반주에 맞추어 유행가를 부르는 것 등은 도시생활의 일부이고 일상이다. 그러한 일상을 떠나서 수인선을 타보는 것은 일탈이며, 관광이며, 마음을 치유하는 치유행위가 될 것이다. 지금은 전철에서 뚝방길만 보이고 주변 환경이 산만해 보이지만 자연의 변화 모습을 상상하면서 차창을 응시하는 것도 마음에 치유가 될 것이며 심지어는 집을 나선 것 자체가 작게나마 치유에 도움이 되리라 생각 된다.

서울의 지하철역마다 게시된 "수도권 광역전철 지도"의 왼쪽 아래 모퉁이 부분엔 주제구간과 이벤트구간과 "치유농업시설"이 장착된 "화성 들판둘레길"이 보인다.

조규석

경기도 화성 출신으로 한양대학교 관광학과를 졸업하고 한국관광협회중앙회,한국여행업협회, 한국통역안내사협회 등에서 근무하고 세종대 관광최고경영자과정을 수료했으며 현재는(사)송파잠실관광협의회 부회장겸 사무국장으로 워라인 관광선진국을 만들기 위하여 노력하고 있습니다.

그치지 않는 비는 없습니다

강순기 (제칠일안식일예수재림교 한국연합회장)

2020년 1월 국내에서 코로나19 첫 확진자가 발생한 이후로 우리의 평화로웠던 일상생활(日常生活)은 불안한 비상생활(非常生活)로 바뀌었습니다. 감염 예방을 위한 강력한 사회적 거리두기로 학교 교문은 수시로 닫혔고 운동회, 축제 등 각종 행사와 단체공연은 이제 추억이 되었으며 5인 이상 집합금지로 사람 만나기도 어려워졌습니다.

그러나 세계로부터 찬사를 받고 있는, 코로나19에 대한 신속한 정보공유와 선별 진료소를 통한 신속한 검사, 격리치료를 특징으로 하는 〈K-방역〉의 결과로, 연일 수천, 수만 명의 감염자를 양산하고 있는 다른 나라들과 달리 우리나라는 비교적 안정적인 추세로 코로나19 확산이 통제되고 있습니다.

하지만 변이바이러스의 위협은 계속되고 우리 모두는 코로나발 경제사회 변화의 파고를 힘겹게 건너고 있습니다. 학교에서는 비대면 수업이, 직장에서는 재택근무가 뉴노멀(New Normal)로 자리 잡아가고 있지만, 이로 인한 보육 공백과 교육격차는 커지고 있으며, 코로나발 일자리 감소는 우리 사회 아픈 곳부터 찔렀습니다. 언택트 시대, 온라인시장 확대로 많은 사람이 택배업으로 몰렸지만, '배달노동자의 늘어나는 죽음'이라는 안타까운 현실에 직면했습니다. 대면 접촉이 많은 업종은 영업시간을 단축해야 했고 이로 인해 소상공인뿐만 아니라 시민들도 많은 불편을 겪고 있습니다. 한마디로 코로나 상황이 장기화되면서 저마다 몸과 마음이 지쳐가는 〈코로나 블루〉상황을 겪고 있습니다.

코로나 시대의 불안과 우울 – '불안은 영혼을 잠식한다.'

교류와 이동이 제한되는 언택트 시대, 이 '코로나 우울'을 어떻게 극복해야할까요? "한국인은 3명만 모이면 모임부터 만든다."는 말이 돌 정도로 모임을 통해 많이 만나고 때론 지나치다 싶을 정도로 타인에 대해 많은 얘기를 해왔습니다. 그러나 정작 자신은 얼마나 자주 돌아보았을까요? 성공하기 위해, 행복해지기 위해, 꿈을 이루기 위해 그저 앞만 보고 하늘 한 번 제대로 쳐다보지 못하고 바쁘게 살아오진 않았는지요? 이럴 때일수록 자신을 돌아보는 지혜가 필요합니다.

'너무 바쁘게 사는 것은 죄악이다.'라는 말이 있습니다. 다른 사람에 대한 배려는 생각할 수 없기 때문입니다. 마음에 여유가 없다면, 그 삶은 불안의 연속일 것입니다. '불안은 영혼을 잠식한다.'는 표현처럼 불안과 우울은 인간의 정신을 피폐하게 만들 뿐입니다. 자신을 돌아보면서 불안과 우울을 극복하는 것은 바로 욕심을 버리는 것으로부터 시작돼야 합니다. 그래야 자신도 모르게 다른 사람에게 입히게 되는 피해를 주지 않게 될 것이며, 자신의 잘못도, 자기 자신도 바로 볼 수 있게 될 것입니다. '불안은 욕망의 하녀다.'라고 말한 '알랭 드 보통'의 성찰에서도 알 수 있듯, 현대인의 불안은 나 보다는 다른 사람과의 관계, 즉 경제적인 부로 평가되는 사회적 지위에 대한 욕망과 깊게 연관돼있습니다. 세상살이에 인간의 불안은 필연적이라고 할 수도 있겠으나, 일찍이 실존철학자 키에르케고르가 '불안은 인간으로서 스스로를 찾는 통로'라고 한 것처럼 자신의 내면을 들여다볼 기회로 삼는다면, 이는 경제적 관계인식의 굴레에서 벗어나 '새로운 관계'로 시야를 확장하도록 나아가게 하는 원

동력이 될 것입니다.

잠시 우리 주변을 돌아보십시오. 코로나 상황과 상관없이 자연은 하루가 다르게 산과 들의 색깔을 바꾸면서 천연계의 경이로운 조화를 보여주고 있지 않은가! 앞으로도 자연은 시절을 따라 나뭇가지의 변화를 보여줄 것이고 가을은 여전히 아름다울 것입니다. 그러나 바로 오늘날의 코로나 위기와 기후변화 위기는 인간의 이기심으로 그 욕망을 채우기 위하여 이 자연을 파괴하고 동식물을 남획하고 학대하며, 환경을 생각지 않고 오로지 물질적 풍요만을 추구한 결과가 아닌가!

'넘어진 김에 쉬어간다'는 속담처럼 우리 주변의 산과 들, 골목길을 산책하면서, 자연의 섭리를 느끼며 위로와 성찰의 시간을 가져봅시다. 그래서 나는 누구인지, 나는 왜 사는지, 나는 어떻게 살 것인지 자신을 돌아보며 자신의 정체성(identity)을 회복하는 계기로 삼았으면 합니다.

'나는 왜 사는가?' 이 존재의 목적에 대한 질문으로부터 인생관, 세계관, 종교관이 달라질 것이며, '나는 어떻게 살아야 하는가?' 이 질문으로부터 그 사람의 생활양식

(Attitude)과 문화가 형성되며 살아가는 방법이 달라 질 것입니다. 이렇게 자신의 정체성을 확립함으로써 자존감을 높이는 것이야말로 불안과 우울을 걷어내고 '보다 나은 삶'을 살아나가는데 자양분이 될 것입니다.

포스트코로나 시대를 위한 대비는 '자신을 돌아보는 것으로부터'

온 국민이 코로나19로 여전히 힘들고 어려운 시간들을 보내고 있지만 '새벽이 오지 않는 밤이 없듯이, 그치지 않는 비는 없습니다.' 밤이 비록 길지만 곧 희망의 서광이 비칠 것입니다.

코로나19 백신 접종도 빠른 속도로 진행되고 있습니다. 지금 우리에게 예전의 일상은 희망이 되어버렸지만, 어느덧 우리 국민들은 비상(非常)을 일상(日常)으로 받아들이며 힘들고 어려운 시기를 함께 슬기롭게 버텨내고, 포스트코로나 시대를 맞을 준비를 하고 있습니다. 밤중 혼인잔치에 쓸 등잔의 기름을 준비하는 슬기로운 처녀들처럼(마태복음25장), 밤중에 쏟아지는 빗속에서도 논둑이 터지지 않도록 나가서 돌보는 농부처럼 포스트코로나 시대를 준비하는 첫 발걸음을 자신을 살펴보는 것에서부터 시작해봅시다. 그리하여 자신의 본모습, 참모습을 찾게 된다면, 그리하여 스스로 살아갈 이유와 자존감을 갖게 된다면, 그것은 자신의 앞길을 밝혀줄 등불이 될 것이며 인생사 거칠고 세찬 빗줄기를 막아줄 우산이 될 것입니다.

'흔들리지 않고 피는 꽃이 어디 있으랴!' 상처 없는 영혼은 어디에도 없습니다. 부디 좌절하거나 마음에 용기 잃지 마시고 힘내시기를 바랍니다. 머지않은 장래에 일상으로 복귀하게 될 때 소망하는 꿈을 이룰 수 있도록 준비하는데 우리 교단도 함께 하겠습니다.

강순기

삼육대 신학과를 졸업하고, 필리핀 AIIAS에서 목회학석사와 박사(리더십전공) 학위취득. 1990년 삼육의료원 서울병원에서 사역을 시작한 후, 하남, 태백, 서울, 구리 등 일선 지역교회와 교회 기관에서 청소년부, 선교부, 동중한 합회장 등을 맡아 헌신하였고, 2020년 한국연합회장으로 선출되어 한국교회와 각 지역의 영적 회복을 위해 봉사하고 있다.

선진국의 길, 5천 년

지식재산 가치 창출

Originality

Part **06**

월호 스님의 행복을
창조하는 비결

월호 (행불선원장)

얼마 전, 긍정의 아이콘이던 한 연예인이 갑작스레 세상을 떠났다. 잘 나가던 지자
체장도 스스로 목숨을 마감했다. 전직 대통령은 형이 확정되어 감옥으로 갔다. 대
한민국 최고의 재벌 총수들도 병을 앓거나, 감방을 가는 일이 비일비재하다. 이른
바 각 분야에서 최고로 성공하여 가장 행복할 것 같았던 사람들이 잇달아 불운을
보여주고 있는 것이다. 도대체 무엇이 문제인가? 어떻게 살아야 하나?

첫째, 행복을 추구하지 말자

대부분의 사람들은 행복을 추구한다. 인생의 목적이 행복이라고 하는 이도 있다.
하지만 행복을 추구하는 삶은 결국 불행을 초래한다. 행복과 불행은 동전의 양면
과 같아서 둘이 아니기 때문이다. 행복과 불행은 항상 함께 다닌다.
어떤 남자의 집에 노크소리가 들려 나가보니, 아름답기 짝이 없는 미모의 여인이
서 있었다. 보기만 해도 안구가 정화될 것 같은 최고의 미녀가 향기를 내뿜으며 꽃
다운 미소를 짓고 말했다. "저와 함께 있으면 행운이 온답니다. 들어가도 될까요?"

"물론이지요." 그 남자가 여인을 받아들여 막 앉으려는 찰라, 다시 노크소리가 들려 왔다. 문을 여니 좀 전과는 정반대로 추하기 짝이 없는 여자가 역겨운 냄새를 풍기고 인상을 쓰며 말했다. "나와 함께 있으면 불행해집니다. 나도 들어가겠습니다." "안됩니다." 당연히 거절하니 그 여인이 말했다. "앞서 들어간 여인은 저와 쌍둥이랍니다. 받아들이려면 반드시 둘 다 받아들이고, 거절하려면 둘 다 거절해야만 합니다. 어쩌시렵니까?"

당신이라면 어떻게 할 것인가? 행복을 추구함은 이미 둘 다 받아들여 함께 살고 있는 것이다. 계속 함께 살 것인가, 둘 다 내쫓을 것인가?

둘째, 안심(安心)을 얻자

자신의 행복을 추구하는데 열중하다보면 자칫 남의 행복을 간과하기 마련이다. 남이야 어찌되든 자신만 즐거우면 그만이고, 국가야 어떻게 되든 자기 집안만 잘 나가면 그만이다. 자연환경이 심각하게 훼손되어 수많은 생명이 죽어나가더라도 돈만 많이 벌면 그만이다. 그러다보니 결국 과보를 받게 되는 것이다.

필연코 불행을 수반하는 행복을 추구하는 대신, 안심(安心)을 얻도록 전환해야 한다. 마음이 편안해지려면 남에 대한 배려가 필요하다. 다른 집단과의 상호 존중이나 자연과의 상생도 모색하지 않을 수 없다. 욕심의 조절이 필요하다. 궁극적으로 자신의 마음을 통찰하게 된다.

중국에 선(禪)을 최초로 전한 달마대사에게 혜가가 물었다.

"저의 마음이 편치 않으니 스님께서 편안하게 해 주소서."

"마음을 가져오너라. 편안케 해 주리라."

"마음을 찾아도 끝내 얻을 수 없습니다.(覓心了 不可得)"

"그대의 마음을 편안하게 해 주었느니라."

마음은 마치 허공과 같아서 실체가 없다. 찾아도 얻을 수가 없다. 이 얻을 바 없음(無所得)을 깨치는 것이 진정한 안심이다. 불안한 마음은 본래 없다. 평상심이 도다. 닦을 것도 얻을 것도 없다. 단지 마음이 실체 없음을 통찰하고, 더 이상 구하지 않으면 된다. 구하는 것이 있으면 고통이요, 구하는 바 없음이 즐거움이다.

위와 같이 무심을 통찰하여 단번에 안심을 얻으면 최상이겠지만, 누구나 할 수 있는 것은 아니다. 보다 쉬우며 누구나 생활 속에서 가능한 방법은 '대면관찰'이다. 대면관찰이란 자신의 몸과 마음을 거울 보듯 영화 보듯 강 건너 불 구경하듯 대면해서 관찰하는 것이다. 이때 '아바타'란 닉네임을 붙여주면 훨씬 효과적이다. '아바타'란 본래 범어로서, 분신(分身)·화신(化身)을 의미한다. 일단 자신의 몸과 마음을 아바타로 관찰하는 것이 중요하다.

예컨대 마음이 불안할 때, '아바타가 불안해하는구나'라고 관찰한다. 화가 날 때 '아바타가 화가 나는구나'라고 관찰한다. 불안한 마음과 분노는 아바타의 몫으로 맡겨버리고, 정작 나는 관찰자의 입장에 서는 것이다. 그러면 불안함과 분노에서 격리되어 마음이 편안해진다. 이미 일어난 불은 어쩔 수 없다 해도, 불난 집에 부채질할 필요는 없다. 땔감을 공급하지 않으면 불은 저절로 사그라든다.

셋째, 몸과 마음을 잘 쓰자

몸과 마음은 아바타, 관찰자가 진짜 나다. 하지만 아바타와 관찰자는 둘이 아니다. 그러므로 아바타를 잘 써주는 것이 현명하다. 그것은 바로 크고 밝고 충만하게 쓰는 것이다.

크게 쓰려면 매사가 둘이 아님(不二)를 확신해야 한다. 나와 남이 둘이 아니고, 인간과 자연이 둘이 아니다. 성공과 실패가 둘이 아니고, 행복과 불행도 둘이 아니다. 빨리 가려면 혼자가라, 하지만 멀리 가려면 함께 가라.

밝게 쓰려면 스스로 밝아지고 남을 밝혀야 한다. 웃자! 웃을 일이 생긴다. 웃을 일이 생겨서 웃는 것은 누구나 할 수 있다. 먼저 웃음으로서 웃을 일이 생기게 만드는 것은 지혜로운 사람만 할 수 있다. 우~하하하하하!

충만하게 쓰려면 헐떡임이 쉬어야 한다. 달은 항상 보름달이다. 그러므로 그믐달을 보름달로 만들려고 안달할 필요가 없다. 시절인연이 다다르면 저절로 보름달로 나타날 것이다. 그믐달은 그믐달대로, 보름달은 보름달대로 충실할 뿐!

* 인생은 일장춘몽이다. 행복은 길몽이요, 불행은 악몽이다. 좋은 꿈만 꾸려는 것은 헛된 망상이다. 꿈에서 깨어나야 한다. 그러기 위해서는 삶의 초점을 '행복'이 아닌 '안심'으로 전환해야 한다. 진정한 행복은 안심이며, 궁극적 안심은 무심이다. 모두가 궁극적 안심인 무심을 얻어 몸과 마음을 잘 수련해 나가기를!

Part **06**

"저 별은 나의 별"
천상열차분야지도

박종일 (우리별자리 해설사 1호)

저 별은 나의 별 저 별은 너의 별,
별빛이 물들은 밤 같이 까만 눈동자
저 별은 나의 별 저 별은 너의 별,
아침이슬 내릴 때까지, 별이 지면 꿈도 지고
슬픔만 남아요, 창가에 지는 별들의 미소,
잊을 수가 없어요.

혼천의(천체관측기구)

별을 노래한 가수 윤형주 님께 지면을 통해 감사드립니다.
바쁜 현대인의 삶, 밤하늘의 별은 언제 보신적 있나요?
도시인의 삶은 지하철을 타면서 땅 만 보는 안타까운 현실.
2,000년 전 고구려 시대에 만들어 놓은 우리별자리, 평창동계올림픽 밤하늘을 수
놓은 수많은 우리별자리 천상열차분야지도 우리별 여행을 떠나볼까 합니다~~.

"밤하늘은 안녕하신가?"

영화 〈천문〉의 후속편이 만들어진다면 타임머신을 타고 미래의 한양 즉, 서울을 다녀온 밀사에게 세종대왕께서 이렇게 물었을 것이라고 상상을 해봅니다. 밀사는 서울에서 밤하늘을 보면 별이 하나 둘 띄엄띄엄 보일 뿐이고 사람들은 아예 천문에 관심이 없다고 보고할 것입니다.

그래서 미래의 후손들까지도 어여삐 여기신 세종대왕께서는 타임머신을 통하여 천문을 알리는 작업을 시작합니다. 사람들이 수시로 사용하는 만 원권 지폐 뒷면에 천상열차분야지도를 삽입하게 되어 '세계에서 천문도가 지폐에 들어간 나라는 우리나라 밖에 없습니다'라는 보고를 받았을 때는 득의만면하였으나 몇 년이 지나도 천문을 아는 사람이 거의 없다는 후속 보고에 실망하였을 것입니다.

다시 또 2018년 평창동계올림픽 스타디움에 최첨단 과학기술인 AR, VR을 사용하여 밤하늘에 천상열차분야지도가 수놓아졌다는 보고를 받았을 때는 일이 뜻대로 이루어져 기쁜 표정이 얼굴에 가득하였을 것입니다. 이렇게 영화 〈천문〉 후속편을 스토리텔링 해봅니다.

우리 별자리 28수와 4신수

조선시대 백과사전인 이수광의 『지봉유설』에서 맨 처음 다룬 항목이 천문天文이라는 사실에서 천문은 선비들의 기본적인 상식이라 할 수 있습니다. 천문공부는 이론을 익힌 후에는 황도를 따라서 펼쳐진 28수를 밤하늘을 보면서 익혔습니다. 28수는 현대인 오늘날도 관측이 가능합니다. 서양별자리인 황도12궁이 아니라 우리 별자리 28수로 밤하늘을 볼 수 있는 것입니다.

28수 별자리는 7수씩 한 묶음으로 신수(神獸 신령스러운 짐승)에 대응합니다. 즉, 고구려 벽화를 설명할 때 사용하는 좌청룡 우백호 남주작 북현무는 각각 7수의 별자리를 의미합니다. 고구려 벽화의 4신수는 사후세계에서도 하늘과 함께 하기를 바라는 고구려인의 바람을 표현한 것입니다.

천상열차분야지도에서 4신수 별자리는 어떻게 펼쳐질까요? 큰 원의 아래쪽에, 즉 마주보는 남쪽에 남방주작7수가 있습니다. 왼쪽에 동방청룡7수가 있고, 오른쪽에 서방백호7수가 있습니다. 따듯한 봄날, 남향으로 지어진 한옥의 대청마루에서 마당을 마주하고 앉아서 바라보는 남쪽의 밤하늘에는 주작이 떠 있고, 왼쪽인 동쪽에서는 청룡이 입장할 준비를 하고 있으며, 오른쪽인 서쪽으로는 백호가 퇴장하고 있는 것입니다. 해마다 봄이 오면 하늘에는 다시 별들의 거대한 봉황이 떠오릅니다. 오색의 빛깔 속에 오음의 소리와 함께 밤하늘을 장엄하게 만듭니다. 여름에는 청룡이 남쪽 밤하늘의 주인공으로 등장하여 번개치고 천둥 울리며 비를 내려줄 것입니다. 계절의 변화에 따라 순차적으로 현무, 백호가 남쪽 밤하늘의 주인공으로 떠오르는 것입니다.

하늘의 이치가 땅에서도

우리의 천문으로 하늘을 관측하다 알게 된 사실들이 있습니다. 남향으로 앉아서 하늘을 바라보면 왼쪽인 동쪽하늘에서 별들이 떠오르고 오른쪽인 서쪽하늘로 별들이 사라집니다. 즉, 해도 달도 별도 모두가 동쪽에서 서쪽으로 지는 겁니다. 경복궁 안에는 동궁이라는 건물이 있습니다. 왕위를 이어받을 세자가 머무르는 공간으로 동쪽에 위치합니다. 왼쪽에 새로운 것이 있게 되고, 오른쪽에 오래된 것이 있게 됩니다. 한문으로 글을 쓸 때 오른쪽에서부터 왼쪽으로 쓰는 방식도 천문의 이치와 같다는 생각이 듭니다. 이러한 천문의 이치는 동서남북의 순우리말에서 동은 새(새로운 쪽), 남은 마(마주보는 쪽), 서는 하늬(하늘이 뉘엿뉘엿 지는 쪽), 북은 높(높은 쪽, 북극성이 있는 곳)의 어원을 살피는 데 매우 유용하다 할 수 있습니다. 천문의 이치는 세종대왕께서 한글을 만드실 때도 천문의 28수를 따라서 훈민정음 28자를 만듭니다. 창제과정을 설명한 훈민정음해례본을 보면 천지인사상과 음양사상으로 모음 11자, 오행사상과 발음기관형상으로 자음 17자를 만들었다는 것을 알 수 있습니다. 그리고 그 합이 28입니다.

오래된 미래

평창동계올림픽 스타디움에 우리의 천문이 하늘을 뒤덮은 순간 아! 하고 짧은 감탄이 나왔습니다. 바야흐로 K-천문, K-star의 시대가 열리는구나 생각했습니다. 다음에 한국에서 열리는 큰 행사에서는 28수 별자리를 드론으로 띄우는 상상이 지나갑니다. 남방주작7수, 동방청룡7수, 서방백호7수, 북방현무7수를 드론으로 편대를 이루어 차례차례로 밤하늘을 비행할 것입니다. 정적인 표현에서 동적인 표현으로 신명나게 비행할 것입니다.

조선 초 1395년에 제작된 천상열차분야지도 각석에는 고구려 천문도를 바탕으로 제작하였다는 기록이 있습니다. 우리 천문도의 역사가 2천 년에 이른다는 이야기입니다. 또한 조선왕조실록에는 밤하늘의 현상인 천문자료가 500년간 관찰 기록되어 있습니다. 천문과학의 첨단을 달렸던 조선입니다. 우리나라가 선진국으로 재진입하게 된 것도 이미 찬란하였던 과학적인 전통이 이어진 덕분이라는 생각이 듭니다.

봉제산

봄이 오면 하늘의 봉황이 그리워 봉제산에서 일몰을 맞이합니다. 서울 강서구에 있는 봉제산鳳啼山은 봉황이 우는 즉, 노래하는 산의 의미입니다. 하늬하늘로는 천랑성(시리우스)이 지고 있습니다. 마하늘을 바라보며 남방7수 '정귀유성장익진'을 읊으며 봉황을 마주합니다. 그리고 봉제산의 새벽에는 밤하늘 주작의 기운을 이어받아 참새, 박새, 어치, 청딱따구리, 직박구리 그리고 흉내지빠귀의 지저귐으로 봄 숲이 가득 찹니다.

우리별자리

도심속 여유없는 현대인의 삶. 한 여름 밤하늘의 별을 보면서 모두의 기억 속에 남아 있는 가슴 속에 담아 둔 별자리 하나는 간직하고 살아가는 여유있는 삶을 만들어 보시길 기대해 봅니다

곧 누구에게나 사랑받는 "백년가게"
시간이 담보되지 않은 "위대한 전설"

송치영 (주식회사 프로툴 대표이사)

우리에게 회자되는 격언 중에 "시작이 반이다"라는 말이 있습니다. 무슨 일이든지 시작하기가 어렵지 일단 시작하면 반 이상 한 것이나 다름없어 끝내기가 어렵지 않다는 의미입니다. 하지만 '시작'은 단지 시작일 뿐 무엇보다 '오래 계속하는' 게 더 중요하고, 게다가 '꾸준함'이 더해져야 하는 경우가 있습니다. 바로 가게나 회사의 창업과 운영이 그렇습니다. 곧, 흔히 말하는 사업이 그렇다고 말할 수 있겠습니다. 실제 사업에서는, 앞의 격언은 단지 시작하는 이들에게 들려주는 격려의 의미로 한정될 뿐, 향후 가게와 사업 성공을 책임져줄 의미는 어디에도 없습니다. 이는 가게나 사업의 성패 여부가 오롯이 시작하는 사람에게 달려 있다는 뜻이기도 합니다.

가게나 사업을 시작하는 누구나 우리가 흔히 말하는 '백년가게', '장수기업'을 꿈꿉니다. 백년가게는 다분히 상징적인 표현의 개념어로, 대(代)를 거쳐 살아남아 오래도록 사랑받으며 장사를 하는 가게나 회사를 일컫습니다. 또, 백년가게는 가게나 회사의 시간적 영속성(永續性)을 상징하는 말인 '백년'에서 보듯, 업력(業歷)에 관여되는 햇수가 가장 중요한 의미를 지닙니다. 그래서 대개 백년가게를 이야기할 때는 한 세대 이상 지난 시간을 최소한의 조건으로 여깁니다.

여러 자료를 살펴보면, 백년가게나 장수기업에 대한 정의는 겪어온 환경에 따라 나라마다 다른데, 대개 일본이나 유럽 각국처럼 산업화의 역사가 오래된 곳에서는 '창업 100년 이상, 2대 이상 지속 운영하는 기업'을, 우리는 중소벤처기업부의 사업(백년가게 육성사업) 기준으로 할 경우, '업력 30년 이상으로 세대를 이어 지속 성장이 가능한 중소기업'을 말합니다. 우리는 업력 45년 이상 되면서 매출 3천억 원 미만의 중소·중견기업을 '명문장수기업'으로 확인해주는 제도도 있습니다만, 다른 나라의 '창업 100년 이상'과 달리 우리의 경우 '업력이 30년 이상'으로 짧은 것은 우리나라의 역사적·현실적 상황을 반영한 고육책이라는 생각이 듭니다.

이처럼 업력을 충족한, 우리가 주지하고 있는 많은 백년가게는 무엇을 더하는 겉치레보다는 스스로 자부하는 품질과 자긍심만으로 운영합니다. 한마디로 '담백하게' 장사합니다. 그래도 찾는 고객이 많습니다. 기본에 충실한 그들은 좋은 재료로 명품을 만들기 위해 장인정신으로 최선을 다합니다. 이렇게 이루어진 '가게의 정체성'을 '대'를 이어 '계승'합니다. 이들 백년가게를 찾는 소비자들은 그들의 제품과 서비스 그리고 가게에 얽힌 사연(스토리텔링)과 그들에게서 확장된 문화와 문화적 현상까지 공유합니다. 그런 한편으로 그 백년가게와는 동류의식(同類意識)까지 느끼게 됩니다. 단골손님들은 이제 곧 백년가게에 "국민가게", "노포", "전설"이라는 최고의 자긍심과 명예를 선사합니다. 그러면서 그 가게는 세월을 초월하는 이 시대의 '고전(古典)', 즉 '스테디셀러'가 되는 과정을 거치며 우리 가까이에서 오래도록 자리 잡게 됩니다. 이게 바로 누구나 되고자 하는 백년가게의 존재 방법입니다.

이처럼 우리가 "전설"로 여기는 백년가게, 노포 들은 진정으로 알아보지 않으면

알 수 없는 그들만의 비결이 있습니다. 그들의 세대를 뛰어넘는 생존 비결은 다름 아닌 초지일관(初志一貫)하는, '기본'에 충실한 자세입니다. 부연하면 백년가게는 이 같은 기본의 자세를 신념으로 성실하게 장사를 하는 곳입니다. 여기서 '기본'은 '최고의 고객 서비스', '품질', '사회에 대한 선한 영향력' 등 가게의 궁극적 경영 철학을 만들어가는 과정의 다른 표현이라 할 수 있습니다.

그럼, 우리는 그토록 원하는 '백년가게'를 위해 어떤 준비를 해야 할까요? 백년가게의 꿈을 이루기 위해서는 우선 자신이 꿈꾸는 사업에 대한 기본 철학과 본질을 명확하게 파악하고 있어야 합니다. 이런 사업의 기본 철학이 구현된 것이 바로 본업(本業)으로, 그것을 찾기 위한 수많은 번뇌와 고민은 사업에서 당연히 거쳐야 하는 과정입니다. 이런 수많은 생각 끝에 찾아낸 일이 결국 자신의 천직(天職)이 되는 것이기 때문입니다. 이렇게 정립되고 찾은 본업이 시간을 이겨내고 실현된 모습이 '백년가게'이고, 이것이 지속 가능한 경영으로 계승되어 대대로 이어지면 바로 '백년가업'이 되는 것입니다.

사업을 제대로 하려면 우선 자기 자신을 잘 알아야 합니다. 이는 말하기는 쉬우나 실제로는 가장 어려운데, 다들 아는 바 자신을 객관화하기가 쉽지 않기 때문입니다. 그렇더라도 자기 자신을 제대로 파악하고 사업을 하는 게 중요합니다. 과연 어떤 업종이, 분야가 자신에게 적합한지 냉정하게 따져봐야 합니다. 그리고 무엇을 잘할 수 있는지도 생각해봐야 합니다. 흔히 하는 말처럼, "자신이 좋아하고 잘하는 일을 하루빨리 발견하는 것"이 무엇보다 중요합니다. 가업을 계승하는 일이라면 모르겠지만, 그렇지 않다면 더욱더 신중하게 고민하는 게 좋겠습니다. 이 모든 게 자신에게서 그칠 것이 아니라, 장차 가업으로 이어갈 수 있는 일이라고 생각해보면 수많은 시행착오와 고민은 꼭 필요할 것입니다.

더하여 다른 또 한 가지가 있습니다. 시류(時流)에 영합하는, 한편으로 보면 무작정 트렌드만 쫓는 사업은 지양하면 좋겠습니다. 요즘처럼 변화가 많은 세상에 뭔 시대에 뒤떨어지는 말이냐고 할 수도 있겠으나, 백년가업을 이어가는 백년가게들은 대체로 전통산업에 종사하는 경우가 많고, 뚝심 있는 경영으로 사업을 일구어갑니다. 다시 강조합니다만, 백년가업이 되도록 길게 보고 사업을 하자는 겁니다. 수많은 어려움을 견뎌온 시간이 담보되지 않은 "위대한 전설", 곧 누구나의 "백년가게"는 있을 수 없음을 명심해야겠습니다.

송치영

1985년 신흥상사 (現 주식회사 프로툴) 입사 ,現 주식회사 프로툴 대표이사
2017년 백년가게 국민운동본부 설립, 現 백년가게 국민운동본부 위원장

Part 06
숨겨진 비경의 고장
마음치유 여행 1번지 고성군

함명준 (고성군수)

강원도 고성은 세계적 명산 금강산을 한 가운데 두고 북고성과 남고성으로 갈린 비운의 고장이다. 반세기 이상의 세월동안 일반인의 출입이 허락되지 않았던 까닭에 역설적으로 청정함과 자연의 신비함을 간직한 알려지지 않은 비경이 많이 숨겨져 있는 고장이기도 하다.

그 숨어있는 비경을 찾아보는 여정 속에서 당신은 탐험가의 짜릿한 스릴을 맛볼 수 있다. 물론 아직까지 환경적 요인이나 군사적 요인들로 인해 허락되지 않는 곳도 있지만 현재는 많은 곳들의 출입이 허용되고 있다. 그런 비경을 찾아보는 가운데 당신은 정서적 안정과 마음이 치유되는 것을 느낄 것이라 자신한다.

고성은 우리나라에서 미세먼지로부터 가장 안전한 지역이기도 하다. 서쪽으로 병풍처럼 둘러쳐져 있는 백두대간의 울창한 숲은 중국으로부터 유입되는 많은 미세먼지를 일차적으로 걸러준다. 더구나 고성 앞바다를 흐르는 심층수대는 신선하고 미네랄이 가득한 해풍대를 산맥의 동쪽에 형성해 산맥을 넘어 온 미세먼지 층이 접근할 틈을 주지 않는다. 이러한 요인은 강원도 고성의 작물에 가벼운 냉해를

입히기도 하지만 사람들이 살기에는 가장 쾌적한 환경을 제공해 주고 있다.

강원도 고성이라고 하면 으레 아주 먼 곳이라고 생각하는 경향이 있다. 그러나 실상은 서울에서 속초까지의 거리는 고속버스로 2시간 10분에서 30분, 고성은 2시간 30분의 거리이다.

우리나라의 최북단 도시라는 심리적 거리가 강원도 고성을 찾기에 주저하게 한다. 그러나 강원도 고성은 우리의 몸과 마음을 치유하는 신비한 땅과 숲의 기운을 가지고 있는 고장임을 자부한다.

한반도 평화관광 시대의 상징으로 최근 66년간 고요 속에 파묻혀 있던 금단의 땅인 '고성 DMZ 평화의 길'이 일반에 공개되었다. 해안철책을 따라 걷거나 차량으로 이동하며 철책선과 금강통문, 금강산전망대, 829GP, DMZ박물관 등 앞쪽은 확 트인 금강산이 보이고 우측으로는 동해바다 파도소리가 들리는 아름다운 절경이 있는 DMZ통일전망대를 가슴에 담을 수 있는 곳이다.

고성군이 이처럼 언택드(비대면) 시대에 '마음치유 여행 1번지'로 각광받는 것은 천혜의 자연과 함께 다양한 볼거리 그리고 감칠맛 나는 먹을거리를 체험할 수 있기 때문이라고 생각한다. 중요한 것은 이를 직접 체험한 관광객들이 인터넷과 SNS를 통해 입소문을 내면서 관광의 변화를 이끌어내고 있다는 점이다.

실제로 고성군은 전국에서 가장 많은 27개의 해수욕장을 보유하고 있으며, 동해안 석호 가운데 보존이 가장 잘 된 화진포는 백두산에서 지리산까지 이어지는

백두대간의 한 축에 위치해 빼어난 절경을 간직하고 있다. 또 동치미 국물에 비벼 먹는 고성막국수와 지금은 누구나 알고 있는 '물회'를 전국 최초로 알리기 시작한 지역이다.

우리나라 유일의 북방식 전통가옥을 만날 수 있는 왕곡마을도 빼놓을 수 없는 곳이다. 안동 하회마을이나 제주 읍성과 비슷하면서도 다른 점을 찾아보는 재미가 쏠쏠하다. 민속촌과 같은 마을과 저잣거리를 살펴보면 시간여행을 하는 기분을 느끼기에 충분하다. 케이블 채널 tvN에서 방영한 〈알쓸신잡-고성편〉에서 왕곡마을을 미리보기 한 후 방문해 보자. 아하! 하며 무릎을 치게 될 것이다.

트레킹을 좋아하는 사람이라면 진부령 기슭에 위치해 있는 소똥령 마을과 거진의 응봉길을 추천한다. '소똥령 마을'의 유래와 관련해서는 사람들이 하도 많이 지나다녀서 산 생김새가 소똥 모양이 돼 버리는 바람에 붙었다는 설과, 고개 정상

의 주막 앞에 시장으로 팔려가는 소들이 똥을 많이 누어 그렇게 불렀다는 설이 있다. 오염되지 않은 깨끗한 물과 산, 계곡, 하천이 어우러진 자연 발생적인 유원지다. 유아숲 체험과 4계절 소똥령 숲길 트레킹을 즐길 수 있고, 다양한 농촌 프로그램을 체험할 수 있다. 등산객과 캠핑족 그리고 가족 단위 여행객까지 포용할 수 있는 전천후 관광지다.

거진의 응봉길은 거진 등대에서 김일성 별장까지 이어진 길이다. 눈이 시리도록 푸른 동해바다의 절경을 내려다보며 걷는 한 시간 반 남짓한 숲길은 어느 둘레길과 비교해 보아도 뛰어나다고 자부한다. 더구나 응봉길 정상에 서면 화진포의 전경과 해금강을 포함한 금강산이 한 눈에 들어오며 우측으로 보이는 푸르른 바다와 파도 소리는 가슴에 막혔던 응어리가 시원하게 뚫리는 기분을 느낄 것이다.

동해를 통째로 육수에 말아 먹는 시원하고 얼큰한 맛. 각종 활어회와 멍게, 해

삼, 성게 그리고 신선한 채소를 새콤달콤한 육수에 말아 먹는 물회. 뱃사람들이 아침에 요기를 위해 후닥닥 말아 먹었던 데서 유래한 음식이다. 맛도 좋지만 숙취에 이만한 음식도 없다. 한 번도 못 먹어본 사람은 있어도 한 번만 먹어본 사람은 없다는 고성물회는 검색 필수 키워드다.

항포구마다 산재해 있는 활어 어판장은 저렴한 가격에 싱싱한 자연산 회를 바다의 절경과 함께 맛 볼 수 있으며 그러다 보면 진정한 마음속의 평안이 무엇인지 느낄 것이다.

거진시장뿐만 아니라 고성 어디든지 만날 수 있는 감자옹심이 맛은 별미에 별미로 다가올 것이다.

돌아가시는 길에 진부령을 넘다보면 금강산 줄기가 시작되는 이 지역은 휴전선 인근 최북단 지역에 위치한 '금강산 건봉사' 1천5백 년 전 신라시대 천년고찰을 마주하게 될 것이다.

고성군은 동해안 최북단에 위치해 있지만 최근 교통사정이 크게 좋아져 수도권

은 물론 전국 어디에서나 쉽게 접근할 수 있다. 분단 이후 지난 66년간 각종 제약으로 개발에서 소외되어온 고성군은 포스트 코로나 시대를 맞아 '대한민국 마음치유 1번지'로 각광받으며 국민적인 관심을 받고 있다. 아무도 가보지 않은 곳, 통제되어서 쉽게 가보지 못했던 지역이 사람들의 사랑을 받는 곳으로 거듭나고 있는 셈이다. 이는 군사보호지역으로 수많은 제약과 통제로 자연환경이 잘 보전되어 포스트 코로나 시대 세계인과 대한민국 국민들에게 마음치유 여행지로 남아신의 마지막 선물일지도 모른다.

함명준

무한한 경제발전의 잠재력과 구현을 통해 고성군민 모두에게 활력이 있는 도시, 희망을 이루는 평화중심지를 만들기 위해 노력하고 있다. 국민건강보험공단 근무, 전) 고성군의회 6,7대 의원(6대 전반기 부의장), 전) 고성중 · 고 총동문회장 역임

지식 강국의 길
지식재산거래소 개설

황종환 (지식공유상생네트워크 이사장, 법학박사, 변리사)

2021년의 빠른 경제회복에도 불구하고 국내경제 성장세가 지속될 가능성은 높지 않은 것으로 판단된다. 금리인하와 통화확대 등 금융 중심의 경기부양책으로 금융 시장은 빠르게 회복되는 반면 실물경제 회복은 상대적으로 더디게 진행되고 있다. 실물부문에서도 IT 제조업과 수출 대기업 등의 회복은 빠르게 진행되고, 불균형적 경기회복세에 따라 상용근로자의 고용과 소득의 빠른 회복되는 반면, 임시근로자나 일용근로자 등 비정규직과 청년층의 고용과 소득은 감소세를 벗어나지 못하고 있다. 특히 우리 경제가 코로나 위기 이전부터 수출과 내수, 대기업과 중소기업, 고소 득층과 저소득층 간 불균형과 양극화가 지속되며 저성장이 고착화돼 왔던 점을 감 안하면 코로나 위기가 이러한 양극화와 저성장을 더욱 심화시킬 가능성이 높다.

정부는 코로나로 인한 경제위기 극복을 위해 여러 대책을 수립 · 추진하고 있지만, 고착화되어 온 양극화와 저성장 구조를 해소시킬 것으로 보이지는 않는다. 금리 인하와 통화 확대와 같은 금융정책이나 자금지원 등 대부분의 정부 대책은 코로나 위기에서 현 체계를 유지하거나 기존 성장구조를 확대 · 재생산하는데 초점을 두기 때문이다. 기존 성장구조에서 고착화된 저성장과 양극화를 극복하기 위해서는 단순한 자금지원이 아닌 보다 근본적인 대책이 필요하다.

2030년에 20억 개의 직업이 사라질 것이라고 예측해 전세계를 충격에 빠뜨렸던 미래학자인 토마스 프레이(Thomas Frey)는 "없어지는 것은 직업이 아니라 직무"라고 말했다. 코로나19는 이를 더욱 가속화 시켰다. 포스트 코로나 시대, IMF시절보다 더 심각한 경제 전시상황이 도래하며 기업폐업 및 실업대란이 예상되고 있는 것은 안타까운 현실이다.

* 외식업 현황(구조조정 필요 시장)

너무 많은 자영업자, OECD 3위 (단위: 명)

국가	자영업자 수
미국	1299만 8000
멕시코	1172만 1000
한국	556만 3000
터키	529만 6000
이탈리아	477만 4000
영국	429만 5000
독일	374만 2000
스페인	293만
프랑스	289만
폴란드	280만 9000

*2017년 기준 *자료: 경제협력개발기구(OECD)

폐업률이 창업률보다 높아 (단위: %)

업종	창업률	폐업률
전체	2.1	2.5
음식	2.8	3.1
여가·오락	2.1	2.5
소매	2.4	2.4
생활서비스	1.3	2.1
숙박	0.7	1.7

*자료: 상가정보연구소

미국(인구 3억 2천만 명)은 120만개 점포로 270명 당 1개의 음식점이 운영 중이며, 일본(인구 1억 2천만 명)은 70만개로 171명 당 1개의 음식점이 운영 중인 반면 한국(인구 5천만 명)은 65만개 점포 운영으로 72명당 1개 음식점이 운영 중이다. 자영업자와 외식업 비중이 선진국 보다 2~3배 높은 현실에서 코로나19 팬데믹으로 소비의 중심이 온라인으로 빠르게 이동함에 따라 자영업과 외식업은 폐업 위기에 직면하고 있다.

2019년 말 한은·나이스신용평가 자료를 종합해보면 자영업자 빚은 600조 원을 훌쩍 넘어섰고 조만간 700조 원에 육박할 가능성이 크다. IMF 이후 지난 20년 동안 실직자와 명예퇴직자의 마지막 생계 수단으로 급성장한 외식시장에서 창업자는 넘쳐나지만 65만 개 외식업체 중 1년 내 11만 개, 5년 후 53만 개(80%) 업체가 폐업하고 있다. 이로 인한 자본금 손실도 43조 원에 이를 뿐 아니라 중산층의 사회 빈곤층 전락과 같은 사회문제를 유발시키는 현실에서 직장에서 쌓은 경험과 자본, 특허아이디어 등을 공유·활용할 수 있는 공통의 장이 절실히 필요하다

新 지식재산(IP) 투자산업, 새로운 경제적 가치창출, 지식기반 융·복합 신산업창출 등 지식기반의 산업국가로서 경제의 재도약을 모색하기 위하여 개인의 경험지식, 기업의 창의적 특허, 지역사회의 전통지식등을 토대로 새로운 가치를 창출할 곳으로 지식재산거래소 개설을 검토해 볼 필요가 있다. 단순한 지식재산(IP) 거래가 아닌 첫째, MODEL & MONEY (사업모델과 자금) 둘째, 人 EXPERT (명장, 명인, 전문가) 셋째, 智 WISDOM & KNOWLEDGE (지혜나 지식) 등을 매칭함으로써 지식(IP) 기반 신직업을 창조하는 포스트 코로나 시대, 국가 CHANGE 플랫폼 구축을 논의할 시기라고 생각한다.

이러한 관점에서 필자는 지식재산(IP)의 발굴과 공유, 융합을 통한 새로운 산업생태계 조성과 창업 및 동업 사업화를 제안하고자 한다. 이는 제한된 시장을 대상으로 무한경쟁을 부추기는 기존의 사업방식과는 달리 지역과 지식재산을 토대로 하는 새로운 산업생태계의 조성을 통해 새로운 시장과 일자리를 창출하고 상호 연대와 협력, 기술적 융합으로 시장과 일자리를 확대해 가는 사업방식으로서 '지식공유형 시장(일자리) 창출 사업'이라고 할 수 있다. 이러한 사업방식은 오랜 기간 축적되고 검증된 지식아이템과 지식제공 기업의 경험을 바탕으로 하기 때문에 시장진입을 위한 시간과 자금을 획기적으로 줄여 사업의 성공 확률을 높여주는 장점이 있다. 또한 이미 활용되고 있는 다양한 지식기반 사업아이템을 보고 선택할 수 있을

뿐 아니라 자신만의 아이디어를 융합하여 새로운 사업아이템과 시장을 창출할 수 있는 확장 가능성이 크다는 것도 장점이다. 더욱이 코로나 팬데믹 과정에서의 K-방역과 K-Food에 대한 국제적 재평가, BTS와 기생충, 미나리, 등 K-팝과 K-드라마, K-Movie 등 K-Culture의 세계적 유행 등은 우리의 전통지식재산과 문화가 글로벌 경쟁력을 지니고 있다는 것을 보여준다.

반만년에 걸쳐 축적·활용되어 온 우리나라 전통지식재산의 가치를 발굴하고 이를 융합·활용하는 다양한 사업아이템 확보를 통해 지식재산(IP)을 기반으로 하는 창업·사업화 붐을 조성할 필요가 있다. 우리 전통지식자산의 가치 발견과 공유·융합을 통해 새로운 산업생태계를 조성하고 경제적 가치와 시장을 창출할 수 있기 때문이다. 세계적 컨설팅회사인 맥킨지그룹 바튼 회장이 "대한민국의 5,000년 지식을 마케팅하라"고 조언한 것도 우리 전통지식재산에 내재된 잠재력을 지식재산의 융합·활용으로 새로운 가치와 일자리, 시장을 창출함으로써 실현하라는 것이다.

지식재산을 기반으로 한 창업·사업화의 활성화를 위해서는 지식재산의 발굴에서부터 사업화에 이르는 체계적 시스템이 구축되어야 한다. 첫째, '지역지식재산 공유상생 플랫폼'을 구축할 필요가 있다. 이는 지자체와 지역사회가 보유하고 있는 공유지식재산과 지역지식재산을 조사·발굴하고 이를 공유·융합·활용하여 새로운 사업아이템을 창출하거나 창업·사업화할 수 있도록 하기 위한 것이다. 둘째, 국가공인 또는 신뢰할 수 있는 민간전문기관의 지식재산 가치평가 시스템이 구축되어야 한다. 셋째, 지식재산 및 사업아이템 등의 거래를 위한 온·오프라인 거래시스템이 구축·운영되어야 한다. 이는 오랜 기간 축적된 전통지식재산의 가치를 재발견하게 할뿐 아니라 새로운 지식재산을 융합·활용한 사업아이템의 시장거래를 활성화하여 지식재산에 대한 투자와 금융을 확대시킬 것이다. 마지막으로 사업을 희망하는 청년층과 중장년층을 대상으로 실용적인 지식재산 교육과 지식재산 기반 창업·사업화 컨설팅을 제공하는 시스템을 구축해야 한다. 이는 교육대상자들에게 지식재산을 기반으로 한 새로운 산업생태계 조성이나 이를 융합·활용하는 역량, 비즈니스모델 수립을 통한 창업·사업화 역량 등을 갖출 수 있도록 하기 위한 것이다. 또한 지식재산거래소 개설로 지식거래를 통한 지식공유상생이 활성화될 필요가 있다. 지식재산의 공유와 융합·활용을 통한 산업생태계 조성과 이를 기반으로 하는 새로운 일자리와 시장을 창출하는 성장방식은 제한된 시장을 장악하기 위한 무한 경쟁과 승자독식을 기반으로 한 기존의 성장방식에서 초래된 경제 양극화와 저성장이라는 고질병 치료체로서 역할을 할 것으로 기대된다. 특허, 아이디어의 거래 중심 지식거래소의 운영은 향후 반복하여 발생할 것으로 예상되는 각종 경제위기의 충격에 대한 면역력이나 흡수 능력을 향상시키는 경제백신과 같은 역할도 기대할 수 있을 것이다.

단군왕검, 한품으로 가잔데를 일구다
거룩일(聖役)로 울려 퍼진 융합과 실천의 교향악

박선식 (한국인문과학예술교육원 대표)

아름다운 꿈, 서글픈 현실

1974년 울산 서생면 신암리에서 발굴된 신석기시대의 여인상은 이미 유명한 선사 유물로 인식되고 있다. 흙으로 빚어진 이 여인상 유물은 영락없는 여성의 몸매를 뚜렷하게 드러내고 있다. 하지만 이 여인상에는 사실 묘한 미스터리가 감돌고 있다. 머리와 팔다리가 없기 때문이다. 그 같은 점을 두고 본래는 완벽한 여인상이었으나 어찌 어찌 세월이 흘러 훼손된 것으로 그냥 넘길 수도 있는 사항이다. 하지만 일각의 중국 연구자에 의해 황제헌원의 관련 유적이라고도 주장되는 석묘석성의 경우를 견주면 그리 간단한 문제가 아니다. 그 석묘석성에서 놀랍게도 젊은 여성들의 머리를 잔인하게 잘라 희생한 두개골무더기가 발견되었기 때문이다. 중국의 석묘석성은 우리의 신암리 유적과 같이 신석기시대의 유적으로 알려져 있다. 그런데 석묘석성의 경우 발견된 두개골이 실제 사람의 것이지만 울산의 여인상은 흙으로 빚은 일종의 미술품이기에 곧바로 일대일 대응하는 것은 무리가 될 수는 있다. 하지만 비록 흙으로 빚은 토제미술품이더라도 일종의 가상적 인신공희(人身供犧—사람을 희생

의 제물로 바치는 행위)를 대신 표현했을 개연성을 아예 부정할 수는 없을 터이다.
그렇다면 의문이 든다. 도대체 중국의 석묘석성 등지에서와 같이 신석기시대 사회
에는 어째서 인신공희가 이루어진 것일까?

한편 중국의 요녕성 마성자(馬城子) 25호 동굴에서 발견된 여성인골의 다리뼈에 날
카로운 화살촉이 박힌 점은 선사시기에 여성들이 격렬한 집단적 갈등의 희생자나
피해자였을 개연성을 분명하게 느끼게 하고도 있다.

그런데 한반도의 인천지역 송산 유적의 경우는 좀 더 색다른 여성들의 몸짓을 짐작
하게 이끌고 있다. 이 유적에서는 많은 갈돌과 갈판 등 제분(製粉) 도구가 확인되었
고, 더불어 방추차와 같은 제사(製絲) 관련 용구도 보여 주로 여성들의 활동거점으
로 이해된다. 문제는 이들 유적에서 1g도 안 되는 매우 가벼운 초경량 석촉이 다수
발견된 점이다. 필자는 그러한 유적의 특성을 바탕으로 해당 송산 유적을 점유했던
사람들이 여성을 주로 하여 이루어진 노동소집단이었다는 추론을 한 바 있다. 그리
고 가벼운 초경량 화살촉은 당시 여성소집단 속의 어린 여성들에게 활쏘기 연습용
으로 만들어 사용했을 개연성마저 느끼고 있음을 밝힌다. 문제는 만약 어린 여성들
에게 활쏘기 연습을 시켰다면 도대체 무슨 이유로 그렇게 했을 것인가가 의문이다.

이유는 솔직히 모르겠다. 다만 남성의 폭력성이나 아니면 여성소집단 자체의 수렵활동을 위한 일종의 생업훈련의 과정일 수도 있었다는 추론을 해본다. 그렇다면 선사시기에 일부의 여성들은 떼를 지어 모여 다녔다는 것일까? 단정할 만한 확실한 증거는 아직 부족한 상태이지만 여성 중심의 소집단이 존재했었을 개연성은 높다. 그들은 나름 자위적 무력을 꾀했을 것으로 여겨진다.

내몽골 양산의 바위에 새겨진 암화(岩畵)에는 여성인지 남성인지 모를 어떤 사람이 아랫도리를 드러낸 채 매우 흥겹게 춤을 추는 모습이 묘사되어 있다. 중국 암각화연구자들은 그러한 모습을 두고 춤을 추는 무사(巫師)라고 표현하고 있다. 그 사람이 무당인지 아닌지는 잘 모르겠으나 흥겨운 정서를 드러내고 있음은 분명해 보이는데, 그 사람이 여성이었다면 해당 암각화는 즐겁게 지내고 싶던 선사 여성의 심리를 반영하고 있다고도 할 수 있을 터이다. 선사시대의 여성들은 그렇게 소박한 꿈을 아름답게 상상하면서도 현실적인 서글픔을 느끼며 지냈을 터이다.

치우설화에 담긴 여성의 집단적 저항의식 그리고 찜찜하게 전해지는 인간사의 교훈

1920년의 시기가 확인되며 독립투사 홍범도의 발문이 보이는 《행촌선생연보(杏村先生年譜)》라는 기록이 있다. 그에 따르면 고려후기의 고위 관료였던 행촌 이암(1297~1364)은 39세가 되던 1335년에 《태백진훈(太白眞訓)》을 지었다고 전하고 있다. 그 태백진훈을 보면, "치우는 편안치 않은 곳에서 기거하고, 몸소 심고 거두어서 드러나도록 쌓았으니 언덕과 산이었다"고 했다. 치우는 또 아홉 가지에 이르는 다짐을 통해 휘하의 사람들을 하나로 묶었다고 전하고 있다. 아홉 가지 다짐이 구체적으로 무엇인지는 알 수 없지만 다짐의 가짓수가 많은 점은 치우가 사람들을 매우 철저하게 단결시켰던 점을 쉽게 추정하게 한다. 치우는 산(汕) 땅에서 삼천여 마을에 이르는 대도회를 이루었고, "널리 베풀고 이루어(廣施而成) 회대 땅과 청구 땅을 평정했다(平淮岱靑邱)"고 태백진훈은 전한다.

그러나 치우는 마침내 정치적 위기를 맞이하게 되었다. 바로 공손헌원(황제)이라는 새로운 도전자의 방해를 맞이했기 때문이다. 치우와 헌원의 대립과 격돌은 사마천이 남긴 《사기》에 적혀 전하고 있다. 하지만 현재 한국의 근대기 역사서들을 보면 치우의 승리로 표현한 내용들이 적지 않아 읽은 이를 곤혹스럽게 하고 있다.

그런데 엉뚱하게 중국의 비정통기록물일 수 있는 도교 관련 문헌을 보면 문제 부분의 해소가 가능한 실마리를 느끼는 경우가 있다. 이를테면 《운급칠첨》의 내용을 보면, 치우와 헌원의 초기 격돌과정에서 헌원은 치우의 상대가 되지 못하고 있었음을 전하고 있어 한국 근대기 역사기록물과 일부 공통되는 점이 느껴진다. 다만 한국 근대기 기록에 보이지 않는 여성세력의 존재가 표현되고 있어 또 다른 의문을 느끼게 될 뿐이다,

결론적으로 말하자면 치우는 자신의 휘하 백성을 단결시키고 산업을 진작시켜 대단한 재력과 군사력을 갖추어 헌원의 도전이 있던 초기에 헌원세력을 여지없이 무력화했으나, 이후 적지 않은 여성세력이 헌원을 도와 마침내 치우세력을 몰락하게 됨을 중국 도교 기록은 전하고 있다. 우리는 '구천현녀전'의 내용과 《사기》 그리고 《태백진훈》의 내용까지 포괄해서 이해하자면 치우는 남성위주의 사회를 매우 치밀하게 조직화했고, 그에 따라 각기 남편의 아내였던 당시 여성들은 일개 소모품처럼 단순한 조력자에 지나지 않다는 자기비하적 정체성의 저열함을 절감했을 터이다. 그러한 상황에서 헌원이 치우세력에게 군사적인 압박을 감당치 못함을 알고 치우를 미워한 나머지 서왕모와 현녀 등 당시 여성 수장들을 비롯한 모든 여성들이 치우의 몰락을 이끄는데 총력적으로 헌원측을 지원한 것으로 이해되고, 그에 따라 치우는 마침내 몰락했음을 알게 된다.

단군왕검, 범(汎)조선인들을 껴안아 '가잔데'를 꿈꾸다

헌원세력과의 대립 속에서 여성수장들의 집단적인 치우반대의 분위기는 결국 구려사회의 몰락을 부채질 했다. 구려사회의 혼란함은 중원세력의 압박과 함께 겨레의 분열을 가속화시켰다. 그런 가운데 지금의 발해연안에는 도이(島夷)라 지칭되던 세

력이 무늬있는 가죽(文皮)을 지니고 교역을 하고 있었음을 《서경》 속의 기록으로 알수 있다. 한편 《묵자(墨子)》의 겸애편을 보면, 우(禹)가 물난리의 대혼란상황 속에서 물길의 서쪽을 뚫을 때 그 지역에 호(胡)와 맥(貉)의 세력이 있었다는 내용이 보인다. 어쩌면 치우 몰락 이후 지금의 산동일원에서는 치우의 후예로 구려사회가 존재했고, 발해연안에서 갈석산 인근의 지역에는 '도이' 또는 '맥'이라는 이름으로 불리던 세력이 있었으니 모두 지금의 한민족과 연관되는 세력을 그렇게 불렀다고 여겨진다. 조선후기의 실학자였던 이익 또한 자신의 소작인 《성호사설》에서 비부지성(秕傅之城, 곧 傅巖之城)을 거론하며 그 바닷가의 성이 단군과 기자에 걸친 조선의 땅이었음을 언급하여 참고가 되고 있다. 물론 《제왕운기》를 따른다면 그 모든 지역은 역시 '조선지역(朝鮮之域)'이었다고도 할 수 있다.

한편 동방지역에서 있었을 새로운 정치체의 출현은 압록강변의 당산 유적이나 평양의 남경유적에서 확인되는 구련문(鉤連文)시문토기의 존재로 홍산문화와의 연계성을 추론해볼 여지가 짙다. 또한 설화적 기록을 검토한다면 '다섯 범의 형상(五虎之形)'을 짓고서 뭇 사람들을 겁나게 했던 게 치우세력이었다고 《운급칠첨》은 전해주는데, 환웅설화 속의 범 곧 호랑이는 치우세력과의 연계성을 짐작케 하지만, 곰의 등장으로 황제 헌원계와의 연계도 부정할 수는 없을 듯하다.

설화적 전승자료를 무시하지 않는다면 동방의 신정치체의 구성은 단군왕검으로부터 비롯되었다고 볼 수도 있다. 그런데 1928년에 김광(金洸)이 출간한 《대동사강(大東史綱)》을 보면 단군왕검의 건국 당시에 치우씨가 웅가가 되어 병무(兵務)를 맡았다는 내용이 보이며, 치우의 후예가 남(藍, 遼東附近)에 자리를 잡았음을 표현하고 있어 주목된다. 범문란과 같은 중국의 고대사 연구자들이 치우의 세력이 분열하여 그 한 세력이 동북지역으로 유입되었을 개연성을 언급한 점과 상통하기 때문이다.

한편 단군왕검으로 지칭되는 새로운 정치체의 움직임은 성스러운 삶의 태도를 드러내는 것으로 일관했음을 여러 설화자료로 읽게 된다. 단군이 산중의 언덕(일명 단군대)에서 쉴 새 없이 활쏘기를 연습했고, 그의 배우자가 된 비서갑녀를 만난 곳이 역시 팔대(八臺)라는 산마루였다는 점은 그들 부부가 실상 풍족하기보다 채집과 수렵이 빈번이 이루어지던 산중에서 인연이 맺어졌고, 그들의 삶은 간고한 개척의 과정이었음을 미루어 짐작하게 된다. 그래서였을까? 일제강점기에 애국활동을 다한 이시영이 남긴 《감시만어》를 보면 단군왕검의 맏아들인 부루왕자는 질그릇을 굽는 일에 열심이었다는 다소 엉뚱한 내용이 전해진다. 왕자가 질그릇을 굽는 모습이 품위가 있어 보이지는 않지만, 그가 굽는 그릇이 백성들의 삶에 유용한 도구로 활용된 것이라면 이야기는 달라진다. 질그릇을 굽는 그 자체가 백성을 위한 성스러운 일 곧 거룩일(聖役)이 되었을 것이기 때문이다.

인천지역의 전승기록인 《강도지》를 보면 단군왕검이 참성단이란 제단을 쌓고 세 아들을 시켜 역시 삼랑성이라는 성곽을 쌓았다고 전한다. 또한 중국의 《석씨계고록》이나 조선 중기의 《청학집》 등을 보면 단군왕검의 시기는 엄청난 홍수피해를 물리치고 다시 알유세력의 반란과 남이의 반란 따위를 거듭 물리치며 숨쉬기가 곤란하던 격동기였다. 뭇 여성들에게 배척당해 마침내 몰락한 치우의 후예를 감싸 앉고, 자신의 아들들을 권위가 아닌 봉사와 위민(爲民)의 일선에 내세워 희생적인 모습을

드러낸 단군왕검이었기에 그의 뒤를 이은 부루는 머나먼 중원 땅으로 달려가 우(禹)에게 치수비법을 전했다고 《태백진훈》은 전하고 있다.

실로 거룩하고 또 거룩한 홍익인간의 마음을 표방에만 그치지 않고 거듭된 실천으로 구현한 단군왕검과 그 아들들의 모습은 한민족이 그토록 찾고 싶던 이상적 선경의 지향점이 무엇이었던 지를 짐작하게 한다. 우리말로 가장 가고 싶고 멋진 절승의 선경을 '가잔데'라 한다. 단군왕검과 그 아들들이 드러낸 모습과 마음은 참된 '가잔데'(본래는 絕勝佳境의 뜻, 일종의 멋진 이상향─필자 의견임)를 일구고 펼치려던 시대의 우렁차고 아름다운 교향악이었다.

박선식

단국대학교 문과대 사학전공, · 단국대학교 사범대 한문교육학전공 연세대학교 대학원 한국학전공(한국고고미술사학 융합연계/문학석사) · 서울시립대 국사학전공(고고학/문학석사) · 동국대학교 대학원 미술사학 전공(문학박사과정) ◆저서 태백진혼과 동북아 상고문화(도서출판/동강)

편집을 마치며…   안덕환

대통령과 골프 그리고 도시재생사업

1990년도 초반, 88 올림픽의 성공적 마무리로 대한민국의 위상이 높아지며 정치, 사회, 경제 전반에 걸쳐 선진적인 분위기가 조성되기 시작했지만, 골프라는 운동은 아직 사회 고위층의 사교 수단으로만 인식되었던 시절의 이야기다.

어느 날, 남부골프장에 청와대로부터 갑자기 부킹(예약)을 해달라는 전화가 왔다. 골프는 사전 예약(부킹 시스템)이 필수인데, 회원들에게 우선권이 주어지므로 회원이 아닌 경우에는 학연, 지연으로 부탁을 하고 때로는 금전적인 대가를 치르던 시기였다. 그런데 청와대의 골프 부킹 청탁을 받은 골프장 사장은 곧바로 승낙하지 않았다. 회원들의 권익보호가 우선이니 상황을 보고 처리하겠다고 답변했다. 결국 부킹 청탁은 취소됐고 6개월 후 남부골프장은 세무조사를 받는 고초를 겪게 되었다. 그러나 이 사건 이후 청와대의 압력도 거절한 남부골프장에 부킹을 청탁하는 사람은 거의 찾아볼 수 없게 되었다. 이번 사건이 회원 중심의 명문 골프장으로 거듭나게 된 계기가 되어 그 당시 남부골프장은 최고가의 회원권을 기록했다.

그 즈음, 전두환 전 대통령이 아시아나 골프장에서 골프 회동을 했다. 많은 수행원과 함께 라운드를 했기 때문에 시간은 물론, 전직 대통령에 대한 예우 문제로 종업원들은 신경을 곤두세우고 있었다. 호남 기업이 모기업인 골프장임에도 최선을 다한 서비스는 내장객 일행을 감격시켰다. 특히 라운드가 진행되는 5~6시간 동안, 클럽하우스 식음료 담당 지배인은 전남 고흥에서 최상급의 신선한 횟감을 공수하여 만찬에 정성을 다한 요리를 준비했다. 생각지도 못한 환대에 전 대통령은 감사의 표시로 지갑에서 1만 원 지폐를 손에 잡히는 대로 꺼내 지배인에게 건네줬다. 나중에 직원 회식비로 사용한 만 원 권은 모두 30장이었다. 수년 뒤 법정에서 전재산이 29만 원이라고 하던 그분에게서 말이다.

1990년, 안양베네스트 CC에서는 3당 합당을 위한 예비 회동 골프 모임이 있었다. 언론에 오프 더 레코드였던 이날 라운드 모임은 앞뒤 팀 모두 합쳐 10팀을 비워 놓아 보안유지를 철저히 했다. 그러나 세 명의 캐디는 경기 진행을 위해 동참했다.

에이지 슛터(자기 나이와 동일한 골프 스코어를 기록)인 김종필 총재와 골프를 좋아했던 노태우 대통령은 멋진 샷으로 회동을 이어갔지만, 김영삼 당시 총재는 힘든 라운드를 했다고 한다. 그러나 동행한 캐디의 헌신적인 조력으로 파3 홀에서 7번 아이언으로 135m를 한 번에 날려 그린 위에 안착시키는 샷을 연출하기도 했다. 라운딩 후 캐디에게 감사의 표시를 했던 김 총재는 3년 후 대통령으로 당선됐지만 공무원 골프 회동은 엄격히 통제했다.

스크린 골프의 대중화로 이제 430여만 명의 골프 인구는 430개가 넘어선 골프장에서 지름 43mm 작은 공을 108mm 크기의 홀컵에 넣기 위해 온갖 노력을 다하고 있다. 앞서 기술한 에피소드는, 청와대의 부킹 청탁을 거절했던 사장의 골프장 운영 철학, 자신의 식당을 찾은 고객에게 최선을 다한 결과 지갑을 열게 한 식음료 담당 지배인의 서비스, 비정규직임에도 최고의 샷을 위해 열과 성을 다한 캐디의 근무 자세로 요약해 볼 수 있다.

요즘 LH의 토지 투기 의혹이 국민들의 공분을 사고 있다. 20여 년 전, S전자가 반도체 호황을 맞이하여 대규모 공장 증설을 위해 기흥공장에서 접근이 용이한 경희대 국제 캠퍼스(수원)를 1조 6천억 원에 매입코자 하였다. 그런데 대학 측은, 엄청난 시세 차익을 실현할 수 있었음에도 불구하고 학교 설립 당시 지역주민들이 우리 지역에 대학교가 들어온다는 이유로 시세보다 낮게 매각해 준 숭고한 의지를 저버릴 수 없다며 매각을 거부하였다.

50여 년째 망우리에 거주하고 있는 필자는 10여 년 동안 서울시가 추진해온 도시재생사업을 지켜보았다. 지역의 유무형 자산을 발견하고 그 가치를 구현하는 도시재생사업은 도시의 주거환경 개선과 지역상권 활성화 그리고 청년 일자리 창출에 그 목적을 두고 있다.

특히 단순한 도시재생의 기존개념으로는 지역주민의 니즈를 충족할 수 없다. 분산되어 있는 협동조합의 임대공간을 한 장소로 통합하여 임대료 지원예산을 절반으로 줄이고, 근무 협업을 통한 시너지 효과를 이뤘다. 심지어 주거공간을 지역명소로 개발하는 도시디자인 사업, 외국자본투자 컨벤션 센터까지 유치하는 노력들은 진정으로 도시재생을 원하는 주민들의 바램인 것이다.

75세 이상 백신방역을 위해 출근 전부터 차량지원을 위해 봉사하는 공무원들의 노력, 코로나 시대에 구입한 공기청정기가 동장실보다 민원창구 앞에서 가동되고 있을 때, 그 작은 마음의 방역이 큰 감동으로 내게 다가온다.

마음방역 39 출판에 도움을 주신 황종환 박사, 양범직(청운대)교수, 심어진 박사

그리고 송정 대표, 최혜종 감독에게 감사드리며 무오독립선언[대한민국 최초 독립선언 1918년] 참가자 39명을 기억하자며 39숫자를 만들어 주신 광복회 김재영 부장과 천상열차 분야지도를 연구하여 전통지식재산 가치 복원을 위하여 노력하는 우리 별자리 1호 해설사 박종일 선생께도 감사의 말씀을 드린다.

또한 옥고를 위해 수많은 원고청탁을 수행하고 지금 이 시간에도 금년 6월 마음방역의 달 선언과 마음방역39 선물축제를 기획·마케팅한 천준호 상무에게 경의를 표한다. 기업으로부터 협찬 받은 3천여 선물세트는 코로나 국가 위기 상황에서 헌신하고 있는 코로나 전담병원 종사자, 국군장병 그리고 경제적으로 어려움을 겪고 있는 독립유공자 후손에게 전달될 예정이다.

P.S. 멋진 에디토리얼 디자인으로 출판해 준 대통기획 조우기 사장님, 고충열 실장 등 스텝 분들께 고마운 마음을 전한다.

마음방역 39

초판 1쇄 발행 2021년 6월 3일

지은이	최재봉 外 38인
펴낸이	심어진
기획마케팅	천준호
온라인홍보	권다을
디자인	대통기획(02-2269-3613)
펴낸곳	공산 P&A
주소	인천광역시 서구 청라한내로82
	광영 스너그시티 청라 706호 (청라동) (010-7701-9760)
등록	제 2021-000017호

ISBN 979-11-974824-0-3
값 18,500원